高等职业教育"十二五"规划教材

会计职业基础实训

（第3版）

主　编　韦梅东　邓淑贤　张　楠

副主编　姜　晖　韩玉涛

江苏大学出版社
JIANGSU UNIVERSITY PRESS

镇　江

内 容 提 要

本书共分 10 个项目,包括:了解企业、会计工作组织和会计法律制度;描述会计、会计目标和会计方法;划分会计要素,建立会计等式;开设会计账户,运用借贷记账法;核算企业主要经营过程的经济业务和成本计算;填制和审核会计凭证;设置和登记会计账簿;组织和开展财产清查;编制和报送会计报表;选择和应用账务处理程序。每个项目设置了"知识要点""职业能力训练""项目实训""案例分析与讨论""职业能力拓展训练""考核评价表"等模块。同时在本书的最后附有两套综合自测卷及答案。

本书可作为高职高专和应用型本科院校财会类专业及相关专业的全国通用教材,也可作为社会从业人员的业务参考用书。

图书在版编目(CIP)数据

会计职业基础实训 / 韦梅东,邓淑贤,张楠主编
. -- 3 版. -- 镇江 : 江苏大学出版社,2014.1
ISBN 978-7-81130-666-8

Ⅰ. ①会… Ⅱ. ①韦… ②邓… ③张… Ⅲ. ①会计学
-高等学校-教材 Ⅳ. ①F230

中国版本图书馆 CIP 数据核字(2014)第 010116 号

会计职业基础实训
Kuaiji Zhiye Jichu Shixun

主　　编 / 韦梅东　邓淑贤　张　楠
责任编辑 / 米小鸽
出版发行 / 江苏大学出版社
地　　址 / 江苏省镇江市梦溪园巷 30 号(邮编:212003)
电　　话 / 0511-84446464(传真)
网　　址 / http://press.ujs.edu.cn
排　　版 / 北京金企鹅文化发展中心
印　　刷 / 北京忠信印刷有限责任公司
经　　销 / 江苏省新华书店
开　　本 / 787 mm×1 092 mm　1/16
印　　张 / 12
字　　数 / 270 千字
版　　次 / 2014 年 1 月第 1 版　2014 年 1 月第 1 次印刷
书　　号 / ISBN 978-7-81130-666-8
定　　价 / 28.00 元

如有印装质量问题请与本社营销部联系(电话:0511-84440882)

编者的话

"经济越发展，会计越重要。"会计作为一门应用性很强的学科，在教学中除了向学生传授必要的会计基本理论知识外，更重要的是根据会计人才的培养目标，提高学生的实际操作能力。而要达到这一目标，就要对学生进行各方面的能力训练。

本书共分10个项目，包括：了解企业、会计工作组织和会计法律制度；描述会计、会计目标和会计方法；划分会计要素，建立会计等式；开设会计账户，运用借贷记账法；核算企业主要经营过程的经济业务和成本计算；填制和审核会计凭证；设置和登记会计账簿；组织和开展财产清查；编制和报送会计报表；选择和应用账务处理程序。每个项目设置了"知识要点""职业能力训练""项目实训""案例分析与讨论""职业能力拓展训练""考核评价表"等模块。同时，在本书的最后附有两套综合自测卷及答案。

本书可作为高职高专和应用型本科院校财会类专业及相关专业的全国通用教材，也可作为社会从业人员的业务参考用书。

在编写过程中，编者力求做到以会计岗位执业能力培养为主线，兼顾会计从业人员资格考试，以充分体现高职高专"双证就业"的办学要求。

此外，我们在编写本书的过程中，力求做到行文流畅、简洁明快、易读易记。我们衷心地希望本书能够增强学生的学习兴趣，从而帮助其提高实际操作能力，将所学的会计职业基础知识更好地运用于实践。

本书由韦梅东、邓淑贤和张楠任主编，姜晖和韩玉涛任副主编。由于编写时间仓促，编者水平有限，书中疏漏与不当之处在所难免，敬请广大读者批评指正。

在编写过程中，我们参考了大量的文献资料。在此，我们向参考过的文献的作者表示诚挚的谢意。

本书配有单项实训答案，读者可到北京金企鹅文化发展中心网站（www.bjjqe.com）下载。

编 者
2013 年 12 月

目　　录

项目一　了解企业、会计工作组织和会计法律制度

第一部分　知识要点

一、企业的概念

企业是以盈利为目的，运用各种生产要素（土地、劳动、资本和企业家才能），向社会提供商品或服务，实行自主经营、自负盈亏、独立核算的具有法人资格的经济组织。

企业的作用主要表现在以下方面：

第一，企业是市场经济活动的主要参加者。

第二，企业是社会生产和流通的直接承担者。

第三，企业是社会经济技术进步的主要力量。

第四，企业效益的增长和国家经济实力、人民生活水平息息相关。

二、企业组织形式的类型

（一）按财产组织形式和所承担的法律责任划分

1. 个人独资企业

个人独资企业是指单个人独资经营的企业。其优点包括决策灵活，易于管理。其缺点包括：① 企业所有者对企业债务承担无限责任，即其个人的全部财产都在偿债范围之内；② 个人企业的筹集资金能力有限，不易扩大经营规模，难以规避市场风险。

2. 合伙制企业

合伙制企业是指两个以上的合伙人共同出资经营的企业。其优点包括：① 相对个人企业来说，筹资比较容易；② 分工管理的效率较高。其缺点包括：① 每个合伙人对企业债务承担无限责任；② 只靠合伙人筹资，企业资金和规模仍有限；③ 合伙人之间的契约关系也不稳定。

3. 公司制企业

公司制企业是一种重要的现代企业组织形式。公司制企业实行法人治理结构，即形成由股东会、董事会、监事会及经理层组成并有相互制衡关系的管理机制。其中，股东会是公司权力机构；董事会是由股东选出，代表股东利益和意志，对公司经营做出决策的机构；经理层是董事会聘任的负责公司日常经营管理的人员组成的团体；监事会是公司的监督机构。

公司制企业的优点包括：① 可以通过股东出资、发行股票及债券等筹集大量资本；② 股东只承担有限责任，即股东以出资额为限对公司债务承担有限责任；③ 公司雇用专业人员负责管理工作，所有权与管理权分离，有助于提高企业管理水平。其缺点包括：股东利益与管理人员目标难以一致，经理层人员可能为了自身利益去做一些不符合股东意志的事。

（二）按照国民经济行业分类划分

按照国民经济行业分类不同，企业可分为制造企业、商品流通企业和服务企业。

1. 制造企业

制造企业是指按照市场要求对制造资源（物料、能源、设备、工具、资金、技术、信息和人力等）进行合理分配和加工制造，最终转化为可供人们使用和利用的工业品与生活消费品的企业。

2. 商品流通企业

商品流通企业是指独立于生产领域之外，专门从事商品流通活动的企业。商品流通企业可分为零售企业和批发企业两种。

商品流通企业的特点是相对于生产企业来说的，主要包括：① 专门从事商品（含生活资料和生产资料）经营和流通服务活动；② 经营业务主要是购、销、运、存；③ 流通资金占用比例高；④ 商品的种类多；⑤ 消费者（含生产性用户）数量多。

3. 服务企业

服务企业是指为政府、事业单位、企业和居民提供各种服务的企业。它不生产物质产品，但为生产企业和流通企业提供资金、保险、技术、交通运输、仓储等服务，还为行政事业单位和居民提供生活、餐饮、娱乐、旅游等服务。

三、制造企业的组织结构和基本业务流程

不同的制造企业，由于性质不同，其组织结构和基本业务流程也不完全一样。

四、会计工作组织的概念

会计工作组织是指对企业各项会计工作所作的统筹安排，其具体内容包括会计机构的设置、会计人员的配备、会计法规的执行、会计工作规范的制定、会计档案的保管和会计工作的电算化等。

科学、合理地组织会计工作的重要意义具体表现为以下方面：

（1）有利于保证会计工作的质量，提高会计工作的效率。

（2）有利于协调会计工作与其他经济管理工作的关系，提高企业整体管理水平。

（3）有利于完善企业内部的经济责任制度。

五、会计工作组织形式

会计工作组织形式主要有集中核算和非集中核算两种。

（一）集中核算

集中核算是指整个企业的会计工作（包括经济业务核算、会计报表编制和有关的会计分析等工作）都集中由会计部门进行。其优点是会计部门能及时掌握企业经济业务的全面情况，便于对企业各部门、各单位进行会计监督，也便于对会计人员的管理。其缺点是不利于企业内部经济责任制的落实。一般来说，集中核算形式适用于小型企事业单位。

（二）非集中核算

非集中核算又称为分散核算，是指企业内部的各部门、各单位对自身发生的经济业务进行初步的会计核算，并把资料报送给会计部门，由会计部门进行总核算。其优点是便于企业内部各部门、各单位利用会计资料加强经营管理，有利于落实企业内部经济责任制度。其缺点是核算层次多，工作量大，不利于会计人员分工。一般来说，非集中核算形式适用于大中型企事业单位。

六、会计机构的设置

会计机构是指企业内部设置的办理会计事务和组织领导会计工作的职能部门。

《中华人民共和国会计法》（以下简称《会计法》）规定："各单位应当根据会计业务

的需要，设置会计机构；或者在有关机构中设置会计人员并指定会计主管人员；不具备条件设置的，应当委托经批准设立从事会计代理记账业务的中介机构代理记账。"

需要注意的是，设置会计机构时，应至少设置两个会计岗位，即会计机构负责人（会计主管）岗位和出纳员岗位。委托会计师事务所或其他机构代理记账时，企业至少应配备一名出纳员。

七、会计从业人员

（一）会计人员从业资格

《会计法》规定：从事会计工作的人员必须取得会计从业资格证书；担任单位会计机构负责人（会计主管）的，除取得会计从业资格证书外，还应当具备会计师以上专业技术职务资格（如助理会计师、中级会计师、高级会计师等）或者从事会计工作 3 年以上时间。

（二）会计人员任用

（1）国家机关、国有企业、事业单位任用会计人员应当实行回避制度。单位领导人的直系亲属不得担任本单位的会计机构负责人、会计主管人员。会计机构负责人、会计主管人员的直系亲属不得在本单位会计机构中担任出纳工作。需要回避的直系亲属为：夫妻关系、直系血亲关系、三代以内旁系血亲以及配偶亲关系。

（2）企业的总会计师由本单位主要行政领导人提名，政府主管部门任命或者聘任；免职或者解聘程序与任命或者聘任程序相同。事业单位和业务主管部门的总会计师依照干部管理权限任命或者聘任；免职或者解聘程序与任命或者聘任程序相同。

（3）设总会计师的企业，会计人员的任用、晋升、调动、奖惩，应当事先征求总会计师的意见。财会机构负责人或者会计主管人员的人选，应当由总会计师进行业务考核，并依照有关规定审批。

（三）会计人员岗位责任制

我国《会计基础工作规范》规定："会计工作岗位一般可分为：会计机构负责人或者会计主管人员、出纳、财产物资核算、工资核算、成本费用核算、财务成果核算、资金核算、往来结算、总账报表、稽核、档案管理等。开展会计电算化和管理会计的单位，可以根据需要设置相应工作岗位，也可以与其他工作岗位相结合。"

1. 会计机构负责人或者会计主管人员岗位

会计机构负责人或者会计主管人员的职责一般包括：① 编制财务成本费用计划、筹资计划和资金使用预算；② 编制现金流量预测表；③ 编制会计、统计报表；④ 编制财务分析报告，分析财务成本费用和资金执行情况；⑤ 收集员工考核资料，加强公司财务会计管理工作，规范财务行为；⑥ 不定期组织会计人员学习会计业务。

2．出纳岗位

出纳的职责一般包括现金业务和银行存款业务。

（1）现金业务：① 现金收付；② 现金存取及保管；③ 登记现金日记账。

（2）银行存款业务：① 银行存款收付；② 登记银行存款日记账；③ 及时将各银行对账单交给内审人员；④ 对调节表上的挂账情况及时进行清理和查询；⑤ 根据银行收付情况统计银行账户资金余额；⑥ 熟练掌握企业各银行账户信息等。

3．财产物资核算岗位

财产物资核算岗位的职责一般包括：① 监督物资采购、库存管理、物资成本和应付账款的支付；② 参与物资采购招标，审查采购价格变动情况；③ 定期对存货资产进行质量评价，编制反映物资数量和价值变动的会计报表；④ 计算和提取固定资产折旧；⑤ 定期与采购员对账，保证应付账款真实准确；⑥ 定期组织仓库盘点，保证物资账实相符。

4．工资核算岗位

工资核算岗位的职责一般包括：① 计算职工薪酬，分配职工薪酬，编制工资分配明细表；② 编制工资表，送交银行，保证月度工资按时准确发放；③ 及时清理其他应付款，保证代扣代缴到位；④ 确保养老金、公积金、房租水电等扣缴到位。

5．成本费用核算岗位

成本费用核算岗位的职责一般包括：① 根据部门费用计划额度出具费用通报，下发至各部门负责人，并提请超支或有超支迹象的部门注意；② 归集和分配费用；③ 对发生的成本费用进行记录与核算，计算产品成本；④ 登记成本费用明细账；⑤ 出具费用报表和成本分析报告，为公司费用管理和成本控制提出合理化建议。

6．财务成果核算岗位

财务成果核算岗位的职责一般包括：① 编制收入、利润计划，办理销售款项结算业务；② 计算销售收入和经营业务收入，审查收入凭证并进行利润分配；③ 登记收入明细账、利润明细账，编制利润分配明细表；④ 编制收入和利润报表，出具相关分析报告，为公司增加收入提出合理化建议。

7．资金核算岗位

资金核算岗位的职责一般包括：① 拟定资金管理和核算办法；② 编制资金收支计划；

负责资金调度；③ 负责资金筹集的明细分类核算；④ 负责企业投资的明细分类核算。

8. 往来结算岗位

往来结算岗位的职责一般包括：① 建立往来款项结算手续制度；② 办理往来款项的结算业务；③ 负责往来款项结算的明细核算。

9. 总账报表岗位

总账报表岗位的职责一般包括：① 负责总账的登记以及与日记账、明细账的核对工作；② 编制会计报表，出具会计报表附注；③ 制定或参与制定财务计划，参与生产经营决策。

10. 稽核岗位

稽核岗位的职责一般包括：① 审核部门借款，对出纳签发的支票审查无误后，加盖在银行备案的印章；② 登记应收账款手工账，并与电脑账核对；③ 审核各项财务收支，做到按计划列支，控制费用开支，杜绝非正常开支；④ 审核会计凭证，保证每一笔凭证内容真实、手续完备、数字准确、会计科目正确。

11. 档案管理岗位

档案管理岗位的职责一般包括：① 制定会计档案管理方面的规章制度，包括会计档案的立卷、归档、保管、借阅和销毁等制度；② 装订、管理会计档案；③ 保护会计档案的安全和完整，保证商业秘密不外泄。

八、会计法律制度的构成

（一）会计法律

会计法律是指由全国人民代表大会（以下简称全国人大）及全国人民代表大会常务委员会（以下简称全国人大常委会）经过一定立法程序制定的有关会计工作的法律。我国目前有两部会计法律，分别是《会计法》和《注册会计师法》。

目前实施的《会计法》是 1999 年 10 月 31 日第九届全国人大常委会第十二次会议修订通过的，它是会计法律制度中层次最高的法律规范，是制定其他会计法规的依据，也是指导会计工作的最高准则。

目前实施的《注册会计师法》是 1993 年 10 月 31 日第八届全国人大常委会第四次会议通过的，是注册会计师及其行业行为规范的最高准则。

（二）会计行政法规

会计行政法规是指由国务院制定并发布，或者由国务院有关部门拟定并经国务院批准发布，调整经济生活中某些方面会计关系的法律规范。会计行政法规制定的依据是《会计法》，目前实施的最重要的会计行政法规有《总会计师条例》和《企业财务会计报告条例》。

《总会计师条例》自 1990 年 12 月 31 日开始实施，该条例对总会计师的地位、作用、职责、权限、任免与奖惩等进行了规范。

《企业财务会计报告条例》自 2001 年 1 月 1 日开始实施，它规定了企业财务会计报告的构成、编制、对外提供、法律责任等内容。

（三）会计规章

会计规章是指国务院财政部门根据《会计法》制定的关于会计核算、会计监督、会计机构和会计人员以及会计工作管理的制度，包括会计部门规章和会计规范性文件。

1. 会计部门规章

会计部门规章是由财政部门首长签署命令予以公布的制度办法，如《会计从业资格管理办法》《财政部门实施会计监督办法》《代理记账管理办法》《企业会计准则——基本准则》等。

2. 会计规范性文件

会计规范性文件是由财政部以文件形式印发的制度办法，如《企业会计准则第 1 号——存货》《企业会计准则——应用指南》《企业会计制度》《金融企业会计制度》《小企业会计制度》《企业基础工作规范》等。此外，由财政部与国家档案局联合发布的《会计档案管理办法》也属于会计规范性文件。

九、会计职业道德的内容

会计人员在会计工作中应当遵守职业道德，树立良好的职业品质和严谨的工作作风，努力提高工作效率和工作质量。

会计职业道德的内容主要包括：① 爱岗敬业；② 熟悉法规；③ 依法办事；④ 客观公正；⑤ 搞好服务；⑥ 保守秘密。

第二部分　职业能力训练

一、单选题

1. 企业是以盈利为目的，运用各种（　　）向社会提供商品或服务，实行自主经营、自负盈亏、独立核算的具有法人资格的经济组织。

　　A. 劳动　　　　　B. 资本　　　　　C. 生产要素　　　　D. 企业家才能

2. 按照国民经济行业分类不同，企业可以分为（　　）。

　　A. 个人独资企业、合伙制企业和公司制企业

　　B. 个人独资企业、制造企业和服务企业

　　C. 合伙制企业、商品流通企业和公司制企业

　　D. 制造企业、商品流通企业和服务企业

3. 有限责任公司是由（　　）股东出资设立、股东以其认缴的出资额为限对公司承担责任。

　　A. 30 个以下　　B. 50 个以下　　C. 60 个以下　　D. 70 个以下

4. 集中核算是指整个企业的会计工作都集中由会计部门进行。这种核算形式一般适用于（　　）。

　　A. 小型企事业单位　　　　　　　B. 中型企事业单位

　　C. 大型企事业单位　　　　　　　D. 所有企事业单位

5. 具备单独设置会计机构条件的单位，应当设置会计机构，并应适当配备会计机构负责人，同时至少应该设置（　　）个会计岗位。

　　A. 1　　　　　B. 2　　　　　C. 3　　　　　D. 5

6. 按照《中华人民共和国会计法》规定，从事会计工作的人员必须具有（　　）。

　　A. 会计从业资格证书　　　　　　B. 助理会计师资格

　　C. 中级会计师资格　　　　　　　D. 高级会计师资格

7. 总会计师必须是取得会计师任职资格，主管一个单位的财会工作或者单位内一个重要方面的财务会计工作时间不少于（　　）年的会计人员。

　　A. 2　　　　　B. 3　　　　　C. 5　　　　　D. 10

8.《中华人民共和国会计法》是会计法律制度中层次（　　）的法律规范。

　　A. 最低　　　　B. 中等　　　　C. 最高　　　　D. 一般

9. 我国会计从业资格的取得实行考试制度，考试科目一般为（　　）、会计基础和初级会计电算化。

　　A. 财经法规　　　　　　　　　　B. 初级会计实务

  C. 中级会计实务　　　　　　　　　D. 财经法规与会计职业道德

10.《中华人民共和国注册会计师法》是1993年10月31日第八届全国人民常委会第四次会议通过的，并于（　　）开始施行。

  A. 1994年1月1日　　　　　　　　B. 1994年3月1日

  C. 1994年5月1日　　　　　　　　D. 1994年6月1日

二、多选题

1. 企业是会计工作系统产生的前提，（　　）和（　　）是会计工作系统运行的必要条件。

  A. 会计机构　　　B. 会计职业　　　C. 会计人员　　　D. 会计岗位

2. 企业的作用主要表现在（　　）。

  A. 企业是社会生产和流通的直接承担者

  B. 企业是社会经济技术进步的主要力量

  C. 企业是市场经济活动的主要参与者

  D. 企业效益的增长和国家经济实力、人民生活水平息息相关

3. 科学、合理地组织会计工作对充分发挥会计在经济管理中的作用具有重要的意义，具体表现在（　　）。

  A. 有利于完善企业内部的经济责任制度

  B. 有利于保证会计工作的质量，提高会计工作的效率

  C. 有利于会计人员更好地遵守会计法规，规范会计工作

  D. 有利于协调会计工作与其他经济管理工作的关系，提高企业整体管理水平

4. 会计机构是企业内部设置的（　　）的职能部门。

  A. 办理会计事务　　　　　　　　　B. 承担会计责任

  C. 核算企业经济业务　　　　　　　D. 组织领导会计工作

5. 单位领导人的直系亲属不得担任本单位的（　　）。

  A. 出纳　　　　　　　　　　　　　B. 会计机构负责人

  C. 稽核　　　　　　　　　　　　　D. 会计主管人员

6. 会计工作岗位可以（　　）。

  A. 一人一岗　　　B. 多人多岗　　　C. 一人多岗　　　D. 一岗多人

7. 出纳的职责一般包括（　　）。

  A. 会计档案保管

  B. 现金业务

  C. 收入、费用、债权债务账目的登记工作

  D. 银行存款业务

8. 总账报表岗位的职责一般包括（　　）。

    A. 编制会计报表，出具会计报表附注

    B. 制定或参与制定财务计划，参与生产经营决策

    C. 负责总账的登记以及与日记账、明细账的核对工作

    D. 编制工资表，送交银行，保证月度工资按时准确发放

9. 我国目前有的会计法律是（　　）。

    A.《中华人民共和国会计法》　　　B.《总会计师条例》

    C.《中华人民共和国注册会计师法》　D.《中华人民共和国会计核算法》

10. 会计规章是财政部门制定的关于会计核算、会计监督、会计机构和会计人员以及会计工作管理的制度，包括（　　）。

    A. 会计制度办法　　　　　　　　B. 会计部门规章

    C. 会计基本准则　　　　　　　　D. 会计规范性文件

三、判断题

1. 会计法规是保证会计工作系统正常运行的必要的约束机制。（　　）

2. 企业是具有法人资格，具有独立财产并能独立承担民事责任的组织机构。（　　）

3. 合伙制企业是由两个以上（不含两个）的合伙人共同出资经营的企业。（　　）

4. 商品流通企业是从事商品流通的企业，但不独立于生产领域之外。（　　）

5. 不同的企业，其组织结构和基本业务流程是完全相同的。（　　）

6. 所有的单位都必须建账并且设置会计机构。（　　）

7. 非集中核算形式适用于中小型企事业单位。（　　）

8. 只要一个人熟悉会计工作流程，就可以从事会计工作。（　　）

9. 会计主管人员的直系亲属不得在本单位会计机构中担任出纳工作。（　　）

10. 会计行政法规是由全国人民代表大会制定并发布的。（　　）

第三部分　项目实训

【实训目的】

理解并掌握会计岗位的责任范围。

【实训资料】

佳妍华公司 2012 年 1 月发生下列部分经济业务或事项：

1. 1 日，编制财务成本费用计划；

2. 2 日，编制筹资计划和资金使用预算；

3. 9 日，登记现金日记账，并与电脑账核对余额；

4. 11 日，将银行对账单交给内审人；

5. 19 日，计算已完工产品的成本；

6. 31 日，计算工人薪酬；

7. 31 日，提取固定资产折旧；

8. 31 日，编制会计报表；

9. 31 日，计算本月销售收入；

10. 31 日，分析财务成本费用和资金执行情况；

11. 31 日，会同有关部门盘点固定资产；

12. 31 日，计算企业本月实现的利润。

【实训要求】

分别说明以上各项经济业务或事项应由哪一个岗位的人员来完成。

第四部分　案例分析与讨论

1. 佳妍华公司是一家生产服装的企业，成立于 2011 年 6 月，公司成立时有赵某、孙某两名会计人员。在 2012 年 5 月的第一次工商企业年检时，因存在以下问题没有通过：

（1）赵某为佳妍华公司领导人的配偶，在公司担任会计主管一职，其本人具有会计从业资格证书，且具有两年的工作经验；

（2）孙某在公司担任出纳，同时兼管稽核，收入、费用、债权债务账目的登记工作。但她没有取得从业资格证，有关部门认为其编制的会计报表不具有法律效力。

2. 衣纺公司是一家国有大型控股企业。2011 年 12 月，衣纺公司所在地方财政局对其进行会计检查时，发现下列事项：

（1）2011 年 4 月，公司董事长齐某因与总会计师在会计工作上意见不合，决定由总经理陈某主管会计工作，总会计师配合其工作。

（2）2011 年 6 月，公司会计科负责工资核算工作的会计刘某辞职。由于事发突然，主管会计工作的总经理陈某指定出纳员吴某兼管工资核算。

（3）2011 年 7 月，出纳员吴某通过朋友关系收回华亿公司欠款 2 万元。该欠款属于已被注销的坏账，董事长齐某指示吴某将该笔收入在公司账册之外另行登记保管，作为招待费备用金。

（4）2011 年 8 月，会计科科长因病请长假，经公司董事会批准，任命从事文秘工作的办公室副主任秦某为会计科科长。

（5）2011年10月，公司职员白某出差预支3 000元，填写借条时误写为4 000元。后来采用了划线更正法更正并由会计科科长秦某签字入账，并单独保管。

要求：

根据上述情况和现行会计法律、法规及规章的有关规定，回答以下问题：

1．公司董事会决定由总经理主管会计工作是否符合规定？简要说明理由。

2．公司总经理指定出纳员监管工资核算工作是否符合规定？简要说明理由。

3．公司董事长指示出纳员将收回的2万元在公司会计账册之外另行登记保管，是否符合规定？如不符合规定，财政部门应如何处理？

4．公司董事会决定任命办公室副主任秦某为会计科科长是否符合规定？简要说明理由。

5．公司对职员白某出差借条的处理是否正确？简要说明理由。

第五部分 职业能力拓展训练

通过查阅学习资源，说明会计造假成风的原因。

第六部分 考核评价表

项目序号	过程考核（30%）									结果考核（70%）						总分
	考核人	方案设计	过程实施	团队合作	资源利用	职业态度	组织纪律	小计	折合分值	合计	考核人	职业能力训练	项目实训	职业能力拓展训练	案例分析与讨论	合计	
项目1	教师（70%）										教师						
	小组（30%）																
	教师评价										自我评价						

考核评价时间：   教师签字：

项目二 描述会计、会计目标和会计方法

第一部分 知识要点

一、会计的概念和基本特点

(一)会计的概念

会计是指以货币为主要计量单位,以会计凭证为依据,借助于专门的程序和方法,对特定主体的经济活动进行连续、系统、全面的核算和监督,旨在提供经济信息和提高经济效益的一项经济管理活动。

(二)会计的基本特点

(1)以货币为主要计量单位。
(2)以合法凭证为依据。
(3)对经济活动进行连续、系统、全面的核算和监督。
(4)有一系列专门方法。

二、会计职能与会计对象

(一)会计职能

会计的职能是指会计在经济管理活动中所具有的功能,它集中体现着会计本质。其基本职能是会计核算和会计监督。

1. 会计核算职能

会计核算职能也称反映职能,是指会计以货币为主要计量单位,通过确认、计量、记录、计算、报告等环节,从价值量上反映特定主体的经济活动,从而提供相关会计信息的功能。

2．会计监督职能

会计监督职能也称控制职能，是指会计按照一定的目的和要求，对特定主体所发生的经济活动的合法性和合理性进行审核和检查，以便合理地组织经济活动，达到预期目的的功能。

会计核算职能和会计监督职能是相辅相成、不可分割的。会计核算是会计监督的基础，没有会计核算，会计监督就无法进行，而且只有正确地进行会计核算，会计监督才有真实可靠的依据。会计监督是会计核算的继续，如果只有会计核算而不进行严格的会计监督，会计核算所提供的信息就难以保证质量，就不能发挥其在经济管理中的作用。因此，在实际工作中，只有将会计核算职能和会计监督职能有机地结合起来，才能发挥会计应有的作用。

（二）会计对象

会计对象是指会计核算和会计监督的内容。会计对象在不同性质的单位有着不同的表现形式。下面以制造业企业为例，具体阐述会计对象的表现形式。

制造业企业的资金运动具体表现为资金筹集、资金循环和周转以及部分资金退出。

1．资金筹集

企业总是通过各种渠道和方式筹集经营活动所需要的资金。这些资金主要来源于投资者的资金投入和债权人的资金投入。前者构成企业的所有者权益，后者构成企业的负债。

2．资金循环和周转

资金循环是指企业的经营资金从投入企业的货币资金形态开始，按照生产经营活动的顺序，分为供应、生产、销售3个阶段。

在供应阶段，企业要用所筹集的货币资金购买各种原材料等物资，这时资金从货币资金形态转化为储备资金形态。在生产阶段，生产部门领用各种原材料并对其进行加工，这时资金从储备资金形态转化为生产资金形态。产品生产完工后，资金又从生产资金形态转化为成品资金形态。在销售阶段，产品销售出去并取得收入后，资金又从成品资金形态转化为货币资金形态。这一系列转化过程就是资金循环。企业经营资金的循环是反复进行的，这种周而复始的循环就是资金周转。

3．部分资金退出

资金退出是指企业的资金不再参加循环与周转，而游离于企业资金运动之外。如交纳各种税费、向所有者分配利润、偿还债务等。

三、会计目标与会计信息质量要求

（一）会计目标

会计目标是指会计工作所期望达到的结果。

它主要包括以下两方面内容：

（1）向会计信息使用者提供对决策有用的信息。

（2）反映企业管理层受托责任的履行情况。

（二）会计信息质量要求

会计信息质量要求是对企业所提供会计信息质量的基本要求，是对使用者决策有用的会计信息应具备的基本特征。

根据我国《企业会计准则——基本准则》（2006）的规定，会计信息质量要求包括可靠性、相关性、可理解性、可比性、实质重于形式、重要性、谨慎性和及时性等。

四、会计假设与会计核算基础

（一）会计假设

会计假设也称会计基本前提，是人们根据客观情况和变化趋势对会计核算所处的时间、空间环境等所作的合理设定。它包括会计主体、持续经营、会计分期和货币计量。

1．会计主体

会计主体是指会计核算和监督的特定单位或者组织，它规范了企业会计确认、计量和报告的空间范围。会计主体不同于法律主体。一般而言，法律主体必然是会计主体，但会计主体并不一定是法律主体。

2．持续经营

持续经营是指在可预见的将来，会计主体不会面临破产和清算，而会按照当前的规模和状态正常、持续地经营下去。持续经营规范了会计核算的时间范围。

3．会计分期

会计分期是指将一个企业持续经营的生产经营活动划分为若干个连续的、长短相同的会计期间，以便分期结算账目和编制财务报告。

根据我国《企业会计准则——基本准则》（2006）的规定，会计期间分为年度和中期（如半年度、季度和月度）。会计年度是指以公历 1 月 1 日起至 12 月 31 日止的一个会计期间。

4．货币计量

货币计量是指会计主体在进行会计确认、计量和报告时以货币作为计量尺度，反映会计主体的生产经营活动。货币计量假设包含两方面的内容，即记账本位币的选择和币值稳定的假设。

（二）会计核算基础

会计核算基础是指会计确认的时间标准，它解决收入和费用何时予以确认及确认多少的问题。会计核算基础有权责发生制和收付实现制两种。

1. 权责发生制

权责发生制也称应收应付制，是指以权利和责任的发生来决定收入和费用归属期的一项原则。根据我国《企业会计准则——基本准则》（2006）第 9 条的规定，企业应当以权责发生制为基础进行会计确认、计量和报告。

2. 收付实现制

收付实现制又称实收实付制，是指以收到或支付现金为依据来确认收入和费用的原则。目前，我国的行政单位会计采用收付实现制，事业单位会计除经营业务采用权责发生制以外，其他大部分业务都采用收付实现制。

五、会计方法的组成

会计方法是指用来核算和监督会计对象、履行会计职能、实现会计目标的手段。会计方法包括会计核算方法、会计分析方法和会计检查方法。

会计核算方法主要用来提供经济活动中产生的经济信息，它处于会计方法的基础和核心地位，是会计分析方法和会计检查方法的基础。会计分析方法主要是利用会计核算资料来说明和考核会计主体经济活动的效果，以便改善经营管理。会计检查方法主要是根据会计核算资料，检查会计主体经济活动的合理性和合法性，以及会计资料的完整性和正确性。

六、会计核算方法体系

会计核算方法是指对会计对象进行全面、连续、系统、综合的记录、计算和报告所应用的一系列专门方法。它具体包括设置账户、复式记账、填制和审核凭证、登记账簿、成本计算、财产清查和编制会计报表 7 种方法。

第二部分　职业能力训练

一、单选题

1. 会计的产生和发展的根本原因是（　　）。

    A. 科技进步的需要　　　　　　B. 社会分工的需要

    C. 生产实践和管理的需要　　　D. 分配剩余产品的需要

2. 西汉王朝建立的（　　），确立了中式会计报告的基本形式。

    A. 上计簿　　　　B. 四柱清册　　　C. 上计律　　　　D. 四柱结算法

3. 会计的基本职能是（　　）。

    A. 控制和监督　　B. 核算和监督　　C. 核算和管理　　D. 核算和分析

4. 会计所使用的主要计量单位是（　　）

    A. 实物量度　　　B. 劳动量度　　　C. 货币量度　　　D. 实物量度和货币量度

5. 一般地说，会计核算和会计监督的内容是（　　）。

    A. 生产过程　　　　　　　　　B. 分配过程

    C. 交换过程　　　　　　　　　D. 社会再生产过程中的资金运动

6. 会计信息质量要求中，（　　）要求企业按照交易或者事项的经济实质进行会计确认、计量和报告。

    A. 可靠性　　　　B. 可比性　　　　C. 相关性　　　　D. 实质重于形式

7. 会计主体假设规定了会计核算的（　　）。

    A. 时间范围　　　B. 成本开支范围　C. 空间范围　　　D. 期间费用范围

8. 我国《会计法》规定，会计核算以（　　）为记账本位币。

    A. 美元　　　　　B. 人民币　　　　C. 英镑　　　　　D. 日元

9. 我国《企业会计准则——基本准则》（2006）规定，企业应当以（　　）为基础进行会计确认、计量和报告。

    A. 权责发生制　　B. 收付实现制　　C. 实收实付制　　D. 应收应付制

10. 2006 年 9 月 20 日采用赊销方式销售产品 50 000 元，12 月 25 日收到货款存入银行。按收付实现制核算时，该项收入应属于（　　）。

    A. 2006 年 9 月　B. 2006 年 10 月　C. 2006 年 11 月　D. 2006 年 12 月

二、多选题

1. 会计的产生和发展先后经历了（　　）。

    A. 古代会计　　　B. 近代会计　　　C. 现代会计　　　D. 网络会计

2. 制造企业的资金运动具体可表现为（　　）。

    A. 资金循环和周转　　　　　　B. 资金筹集

    C. 资金使用　　　　　　　　　D. 部分资金退出

3. 会计目标是会计工作所期望达到的结果，其内容包括（　　）。

    A. 向广大群众提供会计信息

    B. 向会计信息使用者提供对决策有用的信息

    C. 为企业获得更多的利润

    D. 反映企业管理层受托责任的履行情况

4. 根据《企业会计准则——基本准则》（2006）的规定，会计假设包括（　　）。

    A. 会计分期　　　B. 持续经营　　　C. 货币计量　　　D. 会计主体

5. 在会计期间中，会计中期包括（　　）。

    A. 月度　　　　　B. 年度　　　　　C. 季度　　　　　D. 半年度

6. 会计方法主要包括（　　）。

    A. 会计核算方法 B. 会计分析方法 C. 会计检查方法 D. 会计计划方法

7. 会计监督的内容主要包括（　　）。

    A. 财务收支的合法性　　　　　　B. 经济业务的真实性

    C. 财务收支的平衡性　　　　　　D. 公共财产的安全性和完整性

8. 货币计量假设的内容包括（　　）。

    A. 记账本位币的选择　　　　　　B. 货币流通

    C. 生产经营持续　　　　　　　　D. 币值稳定的假设

9. 在会计计算方法体系中，就其工作程序和工作过程来说，主要包括（　　）。

    A. 登记账簿　　　　　　　　　　B. 填制和审核凭证

    C. 编制会计报表　　　　　　　　D. 成本计算

10. 编制会计报表是（　　）。

    A. 会计核算的方法之一　　　　　B. 会计核算工作程序最后一个环节

    C. 会计工作的核心环节　　　　　D. 提供会计信息的主要形式

三、判断题

1. 1939 年美国第一份"公认会计准则"（GAAP）《会计研究公报》的出现是现代会计的起点。（　　）

2. 会计从来就是一项重要的专门管理工作，因为它具有很强的技术性。（　　）

3. 会计目标是指会计工作所要达到的目的。（　　）

4. 会计分期不同，对利润总额会产生影响。（　　）

5. 企业在生产经营过程中所发生的一切经济的活动都是会计的对象。（　　）

6. 会计主体与法人主体是同一概念。（　　）

7. 我国所有企业的会计核算都必须以人民币作为记账本位币。（　　）

8. 权责发生制是以权益、责任是否发生为标准来确定本期收益和费用。（　　）

9. 货币度量是唯一的会计计量单位。（　　）

10. 谨慎性原则是指在会计核算中应尽可能低估企业的资产和可能发生的损失、费用。（　　）

四、计算分析题

新宇公司 2012 年 4 月份的部分经济业务如下表所示。请分别按照权责发生制和收付实现制核算该公司 4 月份的盈亏，并按照要求将下表补充完整。

经济业务摘要	权责发生制		收付实现制	
	收入（元）	费用（元）	收入（元）	费用（元）
1．销售一批商品 20 000 元，款项已收回				
2．支付上月电费 500 元				
3．收到上月销货款 15 000 元				
4．支付本月职工薪酬 32 000 元				
5．交纳上月未交税金 3 000 元				
6．预提机器设备修理费 3 100 元				
7．计提本月应交税费 5 000 元，款项尚未交纳				
8．支付第一季度借款的全部利息 18 000 元				
9．收到购货单位订货款 30 000 元，下月交货				
10．销售一批商品 34 000 元，货款尚未收回				
合　计				
权责发生制下 4 月份的盈亏计算				
收付实现制下 4 月份的盈亏计算				

第三部分　项目实训

【实训目的】

掌握会计的核算对象。

【实训资料】

新宇公司 2012 年 8 月发生的部分经济业务如下所示：

1．收到荣欣公司交付的货款 18 000 元存入银行；

2．仓库将购买的原材料——甲材料验收入库；

3．公司业务部陈经理参加了展览会，签订了 3 份商品购销合同，价值 100 000 元；

4. 从银行提取现金 20 000 元备用；

5. 业务部陈经理报销差旅费 5 000 元；

6. 公司董事会决定向华音公司投资；

7. 业务部收到订货单一份，订单计划采购金额为 40 000 元；

8. 管理人员购买办公用品 500 元；

9. 销售一批商品 27 000 元，款已收到；

10. 支付公司本月通信费 700 元。

【实训要求】

新宇公司 2012 年 8 月发生的以上经济业务中，哪些属于会计核算的对象？为什么？

第四部分　案例分析与讨论

当人类社会步入 21 世纪后，社会上人们对会计及其重要性的认识和理解仍是仁者见仁、智者见智。有人说："会计工作太简单了，就是数数票子、点点钱，支付水电费、发放工资、报销差旅费，哪需要学习好几年，更不需要考证评职称了。"有人说："财会部门用不了几个会计，只要两三个就够了。"还有人说："会计大多看领导的眼色行事，领导叫干啥就干啥。"也有人说："会计工作很重要，它是国际通用的一种商业语言，是一门科学。现代会计人员不仅要记账、算账和报账，而且还要学会管账和用账。会计是领导的左膀右臂，工作既要扎实、又要创新，一点都不能马虎。"……

请结合自己的学习体会，谈谈你对会计及其重要性的认识和理解。

第五部分　职业能力拓展训练

利用学习资源，查阅 20 世纪中国十大会计名家。

第六部分 考核评价表

项目序号	过程考核（30%）										结果考核（70%）						总分
	考核人	方案设计	过程实施	团队合作	资源利用	职业态度	组织纪律	小计	折合分值	合计	考核人	职业能力训练	项目实训	职业能力拓展训练	案例分析与讨论	合计	
项目2	教师（70%）										教师						
	小组（30%）																
	教师评价										自我评价						

考核评价时间：   教师签字：

项目三 划分会计要素，建立会计等式

第一部分 知识要点

一、会计要素

会计要素是对会计对象的具体内容按照经济特征所作的最基本分类，是会计核算对象的具体化。

（一）反映企业财务状况的会计要素

1. 资产

资产是指企业过去的交易或者事项形成的，由企业拥有或者控制的，预期会给企业带来经济利益的资源。

（1）资产的特征

① 资产是由过去的交易或者事项所形成的；

② 资产应当为企业拥有或者控制；

③ 预期会给企业带来经济利益。

（2）资产的分类

企业资产按照其流动性强弱，可以分为流动资产和非流动资产。流动资产是指可以在一年内（含一年）或者超过一年的一个营业周期内变现或被耗用的资产；非流动资产是指除了流动资产以外的资产。

2. 负债

负债是指企业过去的交易或者事项形成的、预期会导致经济利益流出企业的现时义务。

（1）负债的特征

① 负债是基于过去的交易或者事项形成的；

② 负债是一种现时义务；

③ 现时义务的履行会导致经济利益流出企业。

（2）负债的分类

企业负债按照流动性强弱，可以分为流动负债和非流动负债。流动负债是指在一年内（含一年）或者超过一年的一个营业周期内偿还的债务；非流动负债又称长期负债，是指偿还期在一年（不含一年）或超过一年的一个营业周期以上的债务。

3. 所有者权益

所有者权益是指企业资产扣除负债后由所有者享有的剩余权益。在股份公司类企业，所有者权益又称为股东权益。

（1）所有者权益的特征

① 所有者权益作为一种权益资本，一般不需要偿还；

② 企业清算时，只有在清偿了所有负债后，所有者权益才返还给所有者，这决定了所有者承担着较债权人更大的风险；

③ 所有者凭借所有者权益能够参与利润的分配。

（2）所有者权益的分类

所有者权益主要包括实收资本、资本公积、盈余公积和未分配利润。

实收资本（或股本）是指投资者（或股东）按照企业章程或合同、协议的约定实际投入企业的资本。

资本公积是指归所有者共有的、非收益转化而形成的资本。

盈余公积是指企业从实现的净利润中提取的留存于企业的部分，包括法定盈余公积和任意盈余公积。

未分配利润是指企业的税后利润按照规定进行分配后的剩余部分。

（二）反映企业经营成果的会计要素

1. 收入

收入是指企业在日常活动中形成的、会导致所有者权益增加的、与所有者投入资本无关的经济利益的总流入。

（1）收入的特征

① 收入是从企业日常活动中产生的，而不是从偶发的交易或者事项中产生的；

② 收入可以表现为企业资产的增加，也可表现为企业负债的减少，或者两者兼而有之；

③ 收入能导致企业所有者权益的增加。

（2）收入的分类

收入按性质分类，一般分为销售商品收入、提供劳务收入和让渡资产使用权的收入。按企业经营业务的主次分类，可以分为主营业务收入、其他业务收入。其中，主营业务收入是指企业主要经营活动产生的业务收入；其他业务收入是指企业主营业务以外的其他经营业务所取得的收入。

2. 费用

费用是指企业在日常活动中发生的、会导致所有者权益减少的、与向所有者分配利润无关的经济利益的总流出。

（1）费用的特征

① 费用一般是在企业的日常活动中发生的；

② 费用的发生可能表现为资产的减少，可能表现为负债的增加，也可能两者兼而有之；

③ 费用会减少企业的所有者权益。

（2）费用的分类

费用按其性质可分为营业成本和期间费用。营业成本，又称运营成本，是指企业销售商品或提供劳务的成本。期间费用是指企业本期发生的、不能直接或间接归入营业成本，而是直接计入当期损益的各项费用。

3. 利润

利润是指企业在一定会计期间的经营成果。

（1）利润的特征

① 利润是一定会计期间的经营成果；

② 利润还包括了日常经营活动以外的事项。

（2）利润的分类

利润包括营业利润、利润总额和净利润。

$$营业利润＝营业收入－营业成本－营业税金及附加－销售费用－管理费用$$
$$－财务费用－资产减值损失＋公允值变动＋投资收益$$
$$利润总额＝营业利润＋营业外收入－营业外支出$$
$$净利润＝利润总额－所得税$$

二、会计等式

会计等式，又称会计平衡公式、会计方程式，是利用数学公式对各会计要素的内在经济关系所作的概括表达，即反映各会计要素数量关系的等式。

（一）资产、负债、所有者权益的关系

企业要从事正常的生产经营活动，都需要筹集一定数量的资金，拥有一定的经济资源，即资产。企业筹集资金的渠道包括两个方面：一方面是吸引投资者投资；另一方面是债权人提供。

企业筹集的资金投入营运后，形成企业所持有的各种资产。投资者对投入企业的资金按投资额的多少和所负担风险的大小，等比例获取投资所得，这就是投资人对企业资产的

要求权，即所有者权益；债权人有要求企业偿还债务的权利，这就是债权人对企业资产的要求权，即债权人权益，常称为负债。

这种对企业的要求权，在会计上总称为"权益"。企业拥有的每一项资产都是投资者或债权人所提供的，因此，资产和权益必须同时存在。也就是说，有一定数额的资产，必然有一定数额的权益；反之，有一定数额的权益，也必然有一定数额的资产。

从数量上看，在任何一个时点上，一个企业所拥有或者控制的资产总额必定等于权益总额。可用公式表示为：

$$资产＝权益＝负债＋所有者权益$$

（二）收入、费用、利润的关系

随着销售商品或者提供劳务，企业一方面取得各类收入，另一方面为取得收入会发生相关的各种耗费，即费用。在一定的会计期间内，企业获得的总收入扣除相关的总费用就形成了企业的利润。可用公式表示为：

$$收入－费用＝利润$$

（三）会计六要素之间的关系

资产、负债、所有者权益三者构成的会计等式反映的是企业在某个会计期间开始时（即某一特定时日）的财务状况。收入、费用、利润三者构成的会计等式反映的是在某一会计期间的经营成果。随着经济活动的进行，在会计期间内，企业一方面取得了收入，并因此增加了资产或减少了负债；另一方面要发生各种各样的费用，并因此而减少了资产或增加了负债。所以企业在会计期间内的任一时点上，即未结账之前，原来的会计等式就转化为下面的等式：

$$资产＝负债＋所有者权益＋（收入－费用）$$

三、经济业务对会计等式的影响

企业在生产经营过程中，每天会发生大量的经济业务，任何一项经济业务的发生，都必然引起会计等式的变动。其对会计等式的影响主要包括以下 5 个方面：

① 经济业务的发生引起会计等式两边的资产和权益同时增加，并且增加的金额相等，变动后等式仍然保持平衡。

② 经济业务的发生引起会计等式两边的资产和权益同时减少，并且减少的金额相等，变动后等式仍然保持平衡。

③ 经济业务的发生引起会计等式左边的资产内部项目此增彼减，增减金额相等，变动后的资产总额不变，等式仍然保持平衡。

④ 经济业务的发生引起会计等式右边即负债内部项目此增彼减，或所有者权益内部项目此增彼减，增减金额相等，变动后的权益总额不变，等式仍然保持平衡。

⑤ 收入业务的发生使有关收入项目增加，同时引起资产项目增加或负债项目减少，金额相等；费用业务的发生，会引起资产项目减少或负债项目增加，金额相等。在这两种情况下，会计等式左右两方仍旧保持平衡关系。

第二部分　职业能力训练

一、单选题

1. 对会计对象的具体划分是（　　）。
　　A. 会计原则　　　B. 会计科目　　　C. 会计要素　　　D. 会计账户
2. 下列会计要素中不属于静态会计要素的有（　　）。
　　A. 资产　　　　B. 利润　　　　C. 负债　　　　D. 所有者权益
3. 下列会计要素中不属于动态会计要素的有（　　）。
　　A. 所有者权益　B. 费用　　　　C. 收入　　　　D. 利润
4. 企业的原材料属于会计要素中的（　　）。
　　A. 资产　　　　B. 负债　　　　C. 所有者权益　D. 权益
5. 企业所拥有的资产从财产权利归属来看，一部分属于投资者，另一部分属于（　　）。
　　A. 企业职工　　B. 债务人　　　C. 债权人　　　D. 企业法人
6. 一个企业的资产总额与权益总额（　　）。
　　A. 必然相等　　B. 有时相等　　C. 不会相等　　D. 只有在期末时相等
7. 某企业刚刚建立时，权益总额为 80 万元，现发生一笔以银行存款 10 万元偿还银行借款的经济业务，此时，该企业的资产总额为（　　）。
　　A. 80 万元　　　B. 90 万元　　　C. 100 万元　　　D. 70 万元
8. 企业收入的发生往往会引起（　　）。
　　A. 资产减少　　B. 负债增加　　C. 资产增加　　D. 所有者权益减少
9. 构成企业所有者权益主体的是（　　）。
　　A. 盈余公积金　B. 实收资本　　C. 未分配利润　D. 资本公积金
10. 以下各项属于固定资产的是（　　）。
　　A. 为生产产品所使用的机床　　　B. 已购入但尚未安装完毕的机床
　　C. 已生产完工验收入库的机床　　D. 正在生产之中的机床

二、多选题

1. 下列等式中属于正确的会计等式有（　　　）。
   A. 资产＝权益　　　　　　　　　　　B. 资产＝负债＋所有者权益
   C. 资产＋负债－费用＝所有者权益＋收入　D. 收入－费用＝利润

2. 属于只引起会计等式左边会计要素变动的经济业务有（　　　）。
   A. 购买材料 800 元，货款暂欠　　　　B. 银行提取现金 500 元
   C. 购买机器一台，以存款支付 10 万元货款　D. 接受国家投资 200 万元

3. 属于引起会计等式左右两边会计要素变动的经济业务有（　　　）。
   A. 收到某单位前欠货款 20 000 元存入银行　B. 银行存款偿还银行借款
   C. 以银行存款支付购买材料 8 000 元货款　D. 以银行存款 5 万元偿还前欠货款

4. 所有者权益与负债有着本质的不同，即（　　　）。
   A. 两者偿还期不同
   B. 两者享受的权利不同
   C. 两者风险程度不同
   D. 两者对企业资产有要求权的先后顺序不同

5. 企业的收入具体表现为一定期间（　　　）。
   A. 现金的流入　　　　　　　　　　　B. 企业负债的增加
   C. 银行存款的流入　　　　　　　　　D. 企业其他资产的增加

6. 企业的费用具体表现为一定期间（　　　）。
   A. 企业负债的减少　　　　　　　　　B. 银行存款的流出
   C. 企业其他资产的减少　　　　　　　D. 现金的流出

7. 下列经济业务中，会引起会计等式右边会计要素发生增减变动的业务有（　　　）。
   A. 某企业将本企业所欠贷款转作投入资本
   B. 以银行存款偿还前欠贷款
   C. 向银行借款，存入银行
   D. 将资本公积转增资本

8. 下列内容属于流动资产的内容有（　　　）。
   A. 存放在银行的存款　　　　　　　　B. 存放在仓库的材料
   C. 厂房和机器　　　　　　　　　　　D. 企业的办公楼

9. 下列项目中，属于无形资产的有（　　　）。
   A. 专利权　　　B. 土地使用权　　　　C. 商誉　　　D. 非专利技术

10. 下列项目中，属于长期负债的有（　　　）。
   A. 固定资产　　　B. 长期借款　　　　C. 应付利润　　　D. 应付债券

三、判断题

1. 会计要素中既有反映财务状况的要素，也含反映经营成果的要素。　　（　）

2. 与所有者权益相比，债权人无权参与企业的生产经营、管理和收益分配，而所有者权益则相反。　　（　）

3. 资产、负债与所有者权益的平衡关系是反映企业资金运动的静态，如考虑收入、费用等动态要素，则资产与权益总额的平衡关系必然被破坏。　　（　）

4. 企业接受捐赠物资一批，计价 10 万元，该项经济业务会引起收入增加，权益增加。　　（　）

5. 企业以存款购买设备，该项业务会引起等式左右两方会计要素发生一增一减的变化。　　（　）

6. 预收账款和预付账款均属于负债。　　（　）

7. 凡是用于生产产品的资产都是流动资产。　　（　）

8. 任何流入企业的经济利益都可以定义为企业的收入。　　（　）

9. 资产和权益在金额上始终是相等的。　　（　）

10. 任何经济业务发生都不会破坏会计等式的平衡关系。　　（　）

四、计算分析题

荣达公司 2012 年 12 月 31 日的资产、负债、所有者权益的情况如下表所示：

资产	金额（元）	负债及所有者权益	金额（元）
现金	2 000	短期借款	50 000
银行存款	430 000	应付账款	98 000
应收账款	150 000	应交税金	B
原材料	90 000	长期借款	124 000
长期投资	A	实收资本	500 000
固定资产	50 000	资本公积	42 000
合计	822 000	合计	C

要求：

1. 填出表中 A、B、C 的数字。

2. 计算企业的流动资产总额。

3. 计算企业的流动负债总额。

4. 计算企业的净资产总额。

第三部分 项目实训

实训一

【实训目的】

熟悉与掌握各种会计要素的具体内容。

【实训资料】

荣达公司有下列项目：

(1) 现金	(2) 银行存款	(3) 实收资本	(4) 应收账款
(5) 短期借款	(6) 产成品	(7) 购货运费	(8) 服务收入
(9) 管理费用	(10) 预收货款	(11) 应付福利费	(12) 利息收入
(13) 盈余公积	(14) 预付保险费	(15) 未分配利润	(16) 投资收益
(17) 固定资产	(18) 所得税费用	(19) 其他应收款	(20) 应付账款
(21) 原材料	(22) 营业外收入	(23) 销售成本	

【实训要求】

根据上列资料，分别填入下表资产类、负债类、所有者权益类、收入类、费用类项目中。

资产	负债	所有者权益	收入	费用

实训二

【实训目的】

掌握会计等式及经济业务的发生对会计等式的影响。

【实训资料】

荣达公司 2012 年 6 月份发生的部分经济业务如下：

（1）收到投资者投入资本 200 000 元，存入银行。

（2）从银行提取现金 1 000 元。

（3）销售产品 56 000 元，货款收到，存入银行。

（4）以银行存款 38 500 元，支付前欠大众工厂的购货款。

（5）以银行存款上交所欠税金 4 680 元。

（6）向黄河公司购买材料 12 000 元，货款尚未支付。

（7）生产产品领用材料 8 600 元。

（8）向银行借入短期借款 12 000 元，偿还前欠黄河公司的购料款。

【实训要求】

（1）分析每笔经济业务所引起的资产和权益有关项目增减变动情况，指出属于哪种类型的经济业务。

（2）计算资产和权益增减净额，验证两者是否相等。

第四部分　案例分析与讨论

刘颖从大学金融专业毕业后与同学赵洋合开了一家餐馆，从事餐饮服务业。公司注册资本为 60 000 元，于 2012 年 3 月 1 日正式成立。该公司开业后的 3 月份发生的经济业务如下所示：

（1）刘颖和赵洋各投入现金 20 000 元，从银行借款 20 000 元（借款利率为 6%），均存入公司开立的银行存款账户；

（2）从银行提取现金 2 000 元备用；

（3）用银行存款购置专用设备 45 000 元，油、米、面等常备材料 6 000 元，另向某蔬菜公司分 4 次赊购鲜活产品、肉类和蔬菜等原料 2 000 元；

（4）餐饮收入 20 000 元，兼营小食品收入 1 500 元；

（5）各种餐饮食品的成本 7 500 元；

（6）支付雇员工资 3 000 元，各种税金 1 000 元；

（7）本月应负担的餐饮专用设备的磨损成本 400 元。

请分析：

（1）公司 3 月末资产、负债和所有者权益涉及的项目有哪些？其金额各是多少？会计等式是否平衡？

（2）计算确定 3 月份的经营成果。

（3）假如刘颖大学毕业后去一家企业上班，月薪 3 000 元。根据你所计算的结果，评价刘颖的创业选择是否合适。

第五部分　职业能力拓展训练

【资　料】

项目	资产				负债	所有者权益
	银行存款	应收账款	原材料	固定资产	应付账款	实收资本
期初余额	250 000	50 000	100 000	500 000	150 000	750 000
业务（1）				+100 000	+100 000	
业务（2）					−150 000	+150 000
业务（3）	−30 000				−30 000	
业务（4）	−20 000		+20 000			
业务（5）		+10 000	−10 000			
业务（6）	+100 000			50 000		+150 000
业务（7）	+20 000		−20 000			

要求：

1. 根据上表中的资料，说明 7 项经济业务的内容。

2. 指出每一项经济业务的发生对资产、负债、所有者权益的影响，并分析其变动类型。

第六部分　考核评价表

项目序号	过程考核（30%）										结果考核（70%）						总分
	考核人	方案设计	过程实施	团队合作	资源利用	职业态度	组织纪律	小计	折合分值	合计	考核人	职业能力训练	项目实训	职业能力拓展训练	案例分析与讨论	合计	
项目3	教师（70%）										教师						
	小组（30%）																

教师评价	自我评价

考核评价时间：　　　　　　　　　　　　　　　　　　　　　教师签字：

项目四　开设会计账户，运用借贷记账法

第一部分　知识要点

一、设置会计科目

（一）会计科目的概念

会计科目是指按照一定的特点和管理要求对会计要素进一步分类所形成的项目或名称。

（二）会计科目设置的要求

为了使会计科目科学、合理，设置会计科目一般应满足以下要求：

1. 符合国家的相关规定

设置会计科目体系时，不得违背《企业会计准则》和《企业会计制度》的相关规定。

2. 符合本企业的具体情况

设置会计科目时应根据本单位内部管理的不同情况灵活掌握，设置的会计科目应当能够反映本单位的业务特点。

3. 繁简适宜、含义确切、内容完整

首先，会计科目的设置数量要适宜，不宜过于复杂烦琐，以免增加不必要的工作量；也不宜过于简化，否则不利于取得分类数据资料，进而不能满足会计信息使用者的需求。其次，会计科目的名称要通俗易懂、简明扼要、含义确切，不能相互混淆或重复。此外，一个单位所设置的会计科目应当覆盖本单位的全部经济业务内容，不能有遗漏。

4. 相对稳定

会计科目一经确定，就应保持相对稳定，以便于宏观和微观管理信息的综合汇总和对比分析。

（三）会计科目的分类

1. 按所反映的经济内容分类

按照所反映的经济内容的划分，会计科目可以分为资产类科目、负债类科目、共同类科目、所有者权益类科目、成本类科目和损益类科目。

① 资产类科目是用以反映资产要素具体内容的会计科目。

② 负债类科目是用以反映负债要素具体内容的会计科目。

③ 共同类科目是既反映资产要素具体内容，又反映负债要素具体内容的会计科目。

④ 所有者权益类科目是用以反映所有者权益要素具体内容的科目。

⑤ 成本类科目是用以反映企业在生产经营过程中所发生的可用货币表现的各项耗损的会计科目。

⑥ 损益类科目是用以反映企业在一定时期内取得的各项收入和发生的各项费用的科目。

2. 按所提供信息的详细程度分类

按所提供信息的详细程度划分，会计科目可以分为总分类科目和明细分类科目。

① 总分类科目亦称总账科目或一级科目，是对会计要素具体内容进行总括分类的科目。

② 明细分类科目亦称明细科目，是对总分类科目所含内容做进一步分类的科目。

（四）会计科目的编号

每个会计科目所对应的固定编号称为会计科目编号，简称科目编号。

会计科目编号由财政部统一规定。常用的编号方法是"数字编号法"。这种方法一般采用4位数字，并规定每一位数字的特定含义。其中，第一位数字表示会计科目的主要大类；第二位数字表示会计科目主要大类下属的各个小类；第三位和第四位数字表示各小类下的具体科目。

二、开设会计账户

（一）会计账户的概念

会计账户是根据会计科目开设的，具有一定的格式和结构，用来连续记录会计内容增减变动情况及其结果的载体。

（二）会计账户的基本结构

会计账户的基本结构一般可以划分为左右两方，一方用来登记增加额，另一方用来登记减少额。至于账户的哪一方记增加额，哪一方记减少额，则取决于所采用的记账方法和各类账户所记录的经济内容及性质。

为了便于理解，账户的基本结构可用"T"字形结构表示，如下图所示。

账户名称

增加（减少）	减少（增加）

（三）会计账户金额要素

每个会计账户所提供的金额要素一般可分为期初余额、本期增加额、本期减少额和期末余额。其中，本期增加额和本期减少额也称为本期增加发生额和本期减少发生额，是指在一定的会计期间内，分别登记于账户左右两方的增加金额合计数和减少金额合计数。本期增加发生额和本期减少发生额的差额就是本期的期末余额。本期的期末余额转入下一期，则称为下一期的期初余额。

上述 4 项金额的关系可以用公式表示如下：

期末余额＝期初余额＋本期增加发生额－本期减少发生额

（四）会计科目与账户的关系

会计科目与账户既密切联系又相互区别。

其联系在于：二者反映的经济内容一致；会计科目是设置账户的基础和依据，账户的名称就是会计科目名称。

其区别在于：会计科目仅说明反映的经济内容是什么，而账户不仅具有这项功能，还具有记录经济业务的发生情况和结果的功能；会计科目没有结构，而账户具有一定的结构和格式，用来系统地记录经济业务。

（五）会计账户的开设方法

会计账户的开设就是将一个会计科目写到具有一定结构和格式的账页上，使该账页成为核算某项经济内容的专门场所。

开设总分类账户时，把各总分类科目按照其编码顺序依次填写在总分类账簿的账页上，就可以形成用来记录总括核算资料的各种总分类账户。开设总分类账户的账页格式一般是三栏式。

开设明细分类账户时，把各明细分类科目填写在相应格式的明细分类账簿的账页上，就可以形成用来记录详细核算资料的明细分类账户。开设明细分类账户的账页格式有三栏式、多栏式、数量金额式等。

三、运用借贷记账法

（一）记账方法

记账方法是指会计主体采用特定的记账符号，并运用一定的记账原理和规则，在账簿中记录经济业务的专门方法。

按照记录经济业务方式的不同，记账方法可以分为单式记账法和复式记账法。其中，单式记账法是指对发生的每一项经济业务，只在一个账户中进行记录的记账方法。复式记账法是指对发生的每一项经济业务，都以相等的金额在相互联系的两个或两个以上的账户中进行登记的一种记账方法。复式记账法是世界各国广泛采用的记账方法。

（二）借贷记账法

借贷记账法是指以会计等式为理论依据，以"借""贷"为记账符号，以"有借必有贷，借贷必相等"为记账规则，反映经济内容增减变动情况和结果的一种记账方法。

1. 记账符号

记账符号是用以确定记账方向的标准。借贷记账法以"借""贷"二字为记账符号。它们分别代表账户的"左""右"两个方向，并不确切地代表增加或者减少。

2. 账户的具体结构

资产类账户的借方记资产的增加额，贷方记资产的减少额，期末余额一般在借方，表示资产的结存数额。其账户结构如下所示。

借方	资产类账户		贷方
期初余额	×××		
本期增加发生额	×××	本期减少发生额	×××
	×××		×××
本期发生额（增加额）合计	×××	本期发生额（减少额）合计	×××
期末余额	×××		

资产类账户的期末余额＝期初借方余额＋本期借方发生额－本期贷方发生额

负债类账户和所有者权益类账户统称为权益类账户。权益类账户的借方记权益的减少额，贷方记权益的增加额，期末余额一般在贷方，表示权益余额。其账户结构如下所示。

借方	权益类账户		贷方
	期初余额		×××
本期减少发生额	×××	本期增加发生额	×××
	×××		×××
本期发生额（减少额）合计	×××	本期发生额（增加额）合计	×××
		期末余额	×××

权益类账户的期末余额＝期初贷方余额＋本期贷方发生额－本期借方发生额

成本类账户用来反映企业在生产经营过程中应计入产品成本的各项费用。成本类账户的结构与资产类账户的结构基本相同。若会计期末，所有成本均转出，则期末就没有余额。其账户结构如下所示。

借方	成本类账户		贷方
期初余额	×××		
本期增加发生额	×××	本期减少发生额（或转出额）	×××
	×××		×××
本期发生额（增加额）合计	×××	本期发生额（减少额）合计	×××
期末余额	×××		

成本类账户的期末余额的计算公式与资产类账户的相同。

损益类账户按所反映的具体内容的不同，可以分为收入类账户和费用类账户。收入类账户的结构与权益类账户的结构基本相同。收入类账户在期末都要转入"本年利润"账户，所以通常没有期末余额。其账户结构如下所示。

借方	收入类账户		贷方
本期减少发生额（或转出额）	×××	本期增加发生额	×××
	×××		×××
本期发生额（减少额）合计	×××	本期发生额（增加额）合计	×××

费用类账户的结构与资产类账户的结构基本相同。费用类账户在期末都要转入"本年利润"账户，所以通常没有期末余额。其账户结构如下所示。

借方	费用类账户		贷方
本期增加发生额	×××	本期减少发生额（或转出额）	×××
	×××		×××
本期发生额（增加额）合计	×××	本期发生额（减少额）合计	×××

3. 记账规则

借贷记账法的记账规则是"有借必有贷，借贷必相等"。这一记账规则包含下列两层含义：① 对于任何一项经济业务，在记入一个或几个账户的借方的同时，必须记入另一个或几个账户的贷方。② 记入账户借方的金额必须与记入账户贷方的金额相等。

4. 试算平衡

试算平衡是指根据记账规则和会计等式的平衡理论，对某一会计期间的全部账户记录进行汇总计算和比较，以检查各类账户的记录是否正确、完整的一种方法。

在借贷记账法下，试算平衡的方法主要有发生额试算平衡法和余额试算平衡法。

发生额试算平衡法计算公式如下：

$$全部账户本期借方发生额合计＝全部账户本期贷方发生额合计$$

余额试算平衡法可用公式表现如下：

$$全部账户的期末借方余额合计＝全部账户的期末贷方余额合计$$
（资产总额）　　　　　　　　　　　（负债和所有者权益总额）

在实际工作中，我们通常通过编制试算平衡表来进行试算平衡。若试算不平衡，则说明账户记录肯定有错误；若试算平衡，却不能说明账户记录绝对正确。因为有些错误并不影响借贷双方的平衡，因此，不能仅通过试算平衡来查找账务处理上的所有错误，还需要通过其他方法查找。

5. 账户的对应关系和会计分录

账户的对应关系是指采用借贷记账法登记每项经济业务时，在有关账户之间发生的应借应贷的相互关系。发生对应关系的账户称为对应账户。

会计分录简称分录，是指在记账凭证中标明某项经济业务应借、应贷的账户名称，以及登记方向和金额的一种记录。

会计分录分为简单分录和复合分录两种。简单分录是指一个账户的借方与另一个账户的贷方发生对应关系的会计分录，即一借一贷的会计分录；复合分录是指一个账户的借方与几个账户的贷方发生对应关系的会计分录，或者几个账户的借方与一个账户的贷方发生对应关系的会计分录，即一借多贷或多借一贷的会计分录。

会计分录包括3项基本要素：账户名称、记账符号和应记金额。编制会计分录时应按以下步骤进行：

① 确定账户。即首先分析每一项经济业务所涉及的账户名称。

② 分清借贷。即分析经济业务涉及的金额是增加还是减少，并确定该项经济业务应记入哪个账户的借方和哪个账户的贷方。

③ 确定金额。根据经济业务确定应记入账户的借贷方金额。

第二部分 职业能力训练

一、单选题

1. 会计账户是根据（ ）开设的，用来记录各项经济业务的一种手段。

　　A．会计对象　　　B．会计凭证　　　C．会计科目　　　D．财务指标

2. 在借贷记账法中，账户的哪一方登记增加数，哪一方登记减少数，是由（ ）决定的。

　　A．账户结构　　　B．账户性质　　　C．记账规则　　　D．业务性质

3. 复式记账法的基本理论依据是（ ）。

　　A．资产＝负债＋所有者权益

　　B．借方发生额＝贷方发生额

　　C．收入－费用＝利润

　　D．期初余额＋本期增加发生额－本期减少发生额＝本期期末余额

4. 借贷记账法的双重性质账户，其性质要根据（ ）来决定。

　　A．借方发生额　　B．贷方发生额　　C．期初余额　　　D．期末余额

5. 会计科目是对（ ）的具体内容进行分类核算的项目。

　　A．经济业务　　　B．会计账户　　　C．会计对象　　　D．会计分录

6. 复式记账法是对每一笔交易或事项，都以相等的金额在（ ）登记。

　　A．一个账户　　　　　　　　　B．两个账户

　　C．一个或两个账户　　　　　　D．两个或两个以上账户

7. 简单会计分录是指（ ）的会计分录。

　　A．一借一贷　　　B．一借多贷　　　C．一贷多借　　　D．多借多贷

8. 下列表述借贷含义正确的是（ ）。

　　A．借方登记负债减少　　　　　B．借方登记负债增加

　　C．贷方登记收入减少　　　　　D．贷方登记费用增加

9. 下列错误中，能够通过试算平衡查找的是（　　）。

　　A. 漏记的经济业务　　　　　　　　B. 借贷方向相反

　　C. 重记经济业务　　　　　　　　　D. 借贷金额不等

10. 账户的对应关系是指（　　）。

　　A. 总分类账户与明细分类账户之间的关系

　　B. 有关账户之间的应借应贷关系

　　C. 资产类账户与负债类账户之间的关系

　　D. 成本类账户与费用类账户之间的关系

二、多选题

1. 会计科目与账户的相同点是（　　）。

　　A. 名称相同　　　B. 结构相同　　　C. 作用相同　　　D. 反映的经济内容相同

2. 账户中记录的各项金额之间的关系可用（　　）表示。

　　A. 本期期末余额＝本期增加发生额－本期减少发生额

　　B. 本期期末余额＝本期期初余额

　　C. 本期期末余额＋本期减少发生额＝本期期初余额＋本期增加发生额

　　D. 本期期初余额＋本期增加发生额－本期减少发生额＝本期期末余额

3. 账户一般应包括（　　）。

　　A. 账户的名称　　B. 会计分录　　C. 日期和摘要　　D. 增减发生额和余额

4. 在下列账户中，与资产类账户结构相反的有（　　）。

　　A. 费用类账户　　B. 负债类账户　　C. 收入类账户　　D. 成本类账户

5. 按借贷记账法的要求，下列会计事项登记在贷方的有（　　）。

　　A. 负债增加　　　B. 收入增加　　　C. 资产增加　　　D. 所有者权益增加

6. 在下列账户中，属于损益类账户的是（　　）。

　　A. 投资收益　　　B. 制造费用　　　C. 管理费用　　　D. 补贴收入

7. 在下列账户中，属于所有者权益类账户的是（　　）。

　　A. 长期投资　　　B. 资本公积　　　C. 专项应付款　　　D. 实收资本

8. 企业在购买材料物资交易中所形成的债务，一般应通过（　　）账户进行核算。

　　A. 短期借款　　　B. 预付账款　　　C. 应付账款　　　D. 应付票据

9. 明细分类账对总分类账起（　　）作用。

　　A. 补充　　　　　B. 控制　　　　　C. 统驭　　　　　D. 说明

10. 某项经济业务发生后，一个资产账户记借方，则可能（　　）。

　　A. 另一个负债账户记贷方　　　　B. 另一个资产账户记贷方

　　C. 另一个所有者权益账户记借方　　D. 所涉及的其他账户都记贷方

三、判断题

1. 会计科目表中的顺序号和科目表号的意义完全相同，可只保留其一。　　（　　）

2. 借贷记账法的试算平衡公式分为发生额平衡公式和差额平衡公式。　　（　　）

3. 账户的借方反映资产和负债及所有者权益的增加，贷方反映资产和负债及所有者权益的减少。　　（　　）

4. 凡是余额在借方的都是资产类账户。　　（　　）

5. 一般说来，各类账户的期末余额与记录增加额的一方属同一方向。　　（　　）

6. 费用类账户一般没有余额，如有应在借方。　　（　　）

7. 在会计核算中，会计科目往往就是指账户，因为会计科目是根据账户设置的。（　　）

8. 为了保证会计核算指标在同一部门乃至全国范围内进行综合汇总，所有会计科目及其核算内容都应由国家统一规定。　　（　　）

9. 总分类账期末余额应与所属的明细分类账户期末余额合计数相等。　　（　　）

10. 通过试算平衡检查账簿后，若借贷平衡就可以肯定记账没有错误。　　（　　）

四、计算分析题

通达公司 2012 年 9 月部分账户资料如下表所示：

账户名称	期初余额		本期发生额		期末余额	
	借方	贷方	借方	贷方	借方	贷方
库存现金	4 000		2 000		4 750	
银行存款	75 000		50 000	91 000		
应收账款			52 300	43 000	17 000	
短期借款		50 000		25 000		45 000
实收资本		150 000	0	0		150 000
固定资产	67 000		5 400		56 500	
原材料			6 450	8 670	7 410	
应付账款		2 000		1 500		2 100

要求：

根据各类账户的结构关系，计算并填写上表中的空格。

第三部分 项目实训

实训一

【实训目的】

分析会计科目,按经济内容分类。

【实训资料】

通达公司 2012 年 3 月发生的部分经济业务如下:

1. 存放在出纳处的现金 5 000 元。
2. 存放在银行里的款项 350 000 元。
3. 向银行借入 3 个月的临时借款 200 000 元。
4. 仓库中存放的材料 100 000 元。
5. 仓库中存放的已完工产品 120 000 元。
6. 正在加工的在产品 80 000 元。
7. 向银行借入 1 年以上期限的借款 500 000 元。
8. 房屋及建筑物 1 720 000 元。
9. 所有者投入的资本 2 000 000 元。
10. 机器设备 460 000 元。
11. 应收外单位的货款 190 000 元。
12. 应付给外单位的材料款 70 000 元。
13. 以前年度积累的未分配利润 230 000 元。
14. 对外长期投资 330 000 元。

【实训要求】

判断上述各项经济业务的科目名称及所属要素,并填入下表。

序号	项目	会计科目	资产	负债	所有者权益
1					
2					
3					
4					
5					

序号	项　目	会计科目	资产	负债	所有者权益
6					
7					
8					
9					
10					
11					
12					
13					
14					
	总计				

实训二

【实训目的】

掌握账户的开设方法，练习并掌握借贷记账法。

【实训资料】

通达公司 2012 年 7 月各资产、负债、所有者权益账户的期初余额如下所示：

资产类账户	金额（元）	负债和所有者权益类账户	金额（元）
库存现金	1 000	负债：	
银行存款	135 000	短期借款	60 000
应收账款	10 000	应付账款	8 000
生产成本	40 000	应交税费	2 000
原材料	120 000	负债合计	70 000
库存商品	24 000	所有者权益：	
固定资产	600 000	实收资本	860 000
		所有者权益合计	860 000
总计	930 000	总计	930 000

7月份该企业发生的部分经济业务如下所示：

（1）2日，购进材料一批，税价合计11 700元（增值税税率为17%），材料验收入库，货款以银行存款支付。

（2）3日，生产车间向仓库领用材料40 000元，全部投入生产。

（3）5日，从银行存款取400元现金。

（4）9日，以银行存款购入机器设备两台100 000元。

（5）11日，以银行存款偿还前欠材料款3 000元。

（6）16日，生产车间向仓库领用材料25 000元。

（7）19日，收到购货单位的前欠货款3 000元存入银行。

（8）21日，以银行存款16 000元归还短期借款12 000元和前欠材料款4 000元。

（9）25日，其他单位投入资本20 000元存入银行。

（10）27日，收到购货单位的前欠货款4 000元，其中支票3 600元存入银行，现金400元。

【实训要求】

1. 根据企业7月份发生的各项经济业务，用借贷记账法编制会计分录填入下表中。

序号	摘要	账户名称	借方金额（元）	贷方金额（元）
1				
2				
3				
4				
5				
6				
7				
8				
9				
10				

2. 开设各账户（"T"字式）登记期初余额、本期发生额，结出期末余额，并编制"总

分类账户本期发生额对照表"。

第四部分　案例分析与讨论

1. 通达公司 2012 年 8 月发生的部分经济业务的会计分录如下所示：

（1）借：原材料——甲材料　　　　　　　　　　　　　30 000

　　　　应交税费——应交增值税（进项税额）　　　　　5 100

　　　　贷：应付账款　　　　　　　　　　　　　　　　35 100

（2）借：生产成本　　　　　　　　　　　　　　　　　28 000

　　　　贷：原材料——甲材料　　　　　　　　　　　　10 000

　　　　　　　　　——乙材料　　　　　　　　　　　　18 000

（3）借：银行存款　　　　　　　　　　　　　　　　　58 500

　　　　贷：库存商品　　　　　　　　　　　　　　　　50 000

　　　　　　应交税费——应交增值税（销项税额）　　　　8 500

（4）借：银行存款　　　　　　　　　　　　　　　　　42 000

　　　　贷：应收账款　　　　　　　　　　　　　　　　42 000

（5）借：库存现金　　　　　　　　　　　　　　　　　2 000

　　　　贷：银行存款　　　　　　　　　　　　　　　　2 000

（6）借：盈余公积　　　　　　　　　　　　　　　　　20 000

　　　　贷：实收资本　　　　　　　　　　　　　　　　20 000

要求：

分析以上会计分录所反映的经济业务内容。

2. 通达公司 2012 年 9 月发生的部分经济业务如下所示：

（1）3 日，与衣纺公司签订了一份购买 1 000 米甲材料的合同。

（2）6 日，向广茂公司赊销一批商品 81 900 元。

（3）11 日，向中信银行借入短期借款 200 000 元，同时还与邮政储蓄银行达成了下月借入 300 000 元的意向书。

（4）19 日，出售一批不需要的丙材料 23 400 元。

（5）25 日，用库存现金支付一笔 500 元的招待费。

请分析：

（1）1 000 米甲材料和应收款 81 900 元能否确认为本公司的资产？为什么？

（2）向中信银行借款 200 000 元和向邮政储蓄银行借款 300 000 元能否确认为本公司的负债？为什么？

（3）公司出售不用的丙材料所取得的款项能否确认为本公司的收入？为什么？

（4）500 元的招待费能否确认为本公司的费用？为什么？

第五部分　职业能力拓展训练

1. 通达公司期初库存原料为 105 000 元，本期仓库共发出材料 42 000 元，期末结存材料 171 000 元，"应付账款"（应付材料款）期初贷方余额为 16 900 元，期末贷方余额为 21 000 元，本期没有发生偿还应付款业务，前期没有预付购料款。要求：计算本期购入的材料中已付款的材料金额是多少。

2. 利用学习资源查阅我国记账方法的发展演变过程，并分析各种记账方法产生和存在的原因，总结并归纳为什么借贷记账法能被国际会计惯例所采纳。

第六部分　考核评价表

项目序号	过程考核（30%）										结果考核（70%）						总分
	考核人	方案设计	过程实施	团队合作	资源利用	职业态度	组织纪律	小计	折合分值	合计	考核人	职业能力训练	项目实训	职业能力拓展训练	案例分析与讨论	合计	
项目 4	教师（70%）										教师						
	小组（30%）																
教师评价											自我评价						

考核评价时间：　　　　　　　　　　　　　　　　　　　　　　教师签字：

项目五　核算企业主要经营过程的
经济业务和成本计算

第一部分　知识要点

一、资金筹集

　　每个企业从事生产经营活动都必须拥有一定数量的资金，它是企业进行生产经营活动的物质基础。企业资金的来源主要包括两大部分：一是投资者投入的资本，即所有者投资，也称实收资本；二是企业借入的资金，形成企业的负债。

（一）实收资本

　　实收资本是指企业投资者按照企业章程或合同、协议的约定，实际投入企业的资本。我国企业法人登记管理条例规定，除国家另有规定外，企业的实收资本应当与注册资本一致。

　　由于企业组织形式不同，所有者投入资本的会计核算方法也有所不同。除股份有限公司对股东投入的资本应设置"股本"科目外，其余企业均设置"实收资本"科目。

（二）短期借款

　　短期借款是指企业向银行或其他金融机构等借入的期限在一年以下（含一年）的各种借款。

　　为了核算和监督企业短期借款的取得、偿还和结存情况，企业应设置"短期借款""财务费用"和"应付利息"3个主要账户。

二、供应过程

　　供应过程是制造业企业经营活动的起点。在供应过程中，企业要用货币资金建造或购买厂房、机器设备以及各种材料物资，完成生产准备过程。在这一过程中，企业要支付购买固定资产和材料物资的价税款，要支付采购费用，要与供货单位发生货款结算业务。

（一）固定资产的标准及成本的确定

固定资产主要包括以下两方面的特征：第一，为生产商品、提供劳务、出租或经营管理而持有的；第二，使用寿命超过一个会计年度。

固定资产一般以取得时的实际成本计价，构成固定资产实际成本的具体内容包括：买价、运输费、包装费、保险费、安装成本、相关税金等直接发生的费用，以及应承担的借款利息、外币借款折算差额、应分摊的其他间接费用等间接发生的费用。

（二）材料采购成本的计算

成本计算是会计核算的一种专门方法，它是对企业生产经营过程中所发生的各种生产费用根据成本计算的原则，按照一定对象核定的标准进行归集和分配，以确定各对象的总成本和单位成本。

材料采购成本包括：买价、运杂费、运输途中发生的合理损耗、入库前发生的挑选整理费用、按规定应计入材料采购成本中的各种税金和其他费用等。

材料采购成本的计算公式如下：

$$某种材料采购成本 = 该材料的买价 + 应负担的采购费用$$

$$材料单位成本 = \frac{材料采购成本}{材料数量}$$

$$材料费用分配率 = \frac{采购费用总额}{各种材料的重量（体积、买价）之和}$$

$$某种材料应负担的采购费用 = 该材料的重量（体积、买价） \times 采购费用分配率$$

为了核算和监督供应过程的经济业务，企业应设置的账户主要有"固定资产""材料采购""在途物资""原材料""预付账款""应付账款""应交税费"等账户。

三、生产过程

在生产过程中，生产工人需要借助机器设备对各种原材料进行加工，制造出各种产品，发生材料消耗的材料费、固定资产磨损的折旧费、生产工人劳动耗费的人工费等。同时，要发生企业与工人之间的工资结算关系、与有关单位之间的劳务结算关系等。

（一）产品生产成本的构成

产品生产成本是指产品在其生产过程中所发生的各种生产费用。成本项目一般可分为直接材料、直接人工和制造费用等。

（二）制造费用的分配

在计算生产成本时，一般将产品生产过程中发生的各项生产费用按产品名称或类别分别进行归集和分配，以分别计算各种产品的总成本和单位成本。

制造费用分配有关计算公式如下：

$$制造费用分配率 = \frac{制造费用总额}{生产工人工资（或工时）总额}$$

某产品应分摊的制造费用＝该产品生产工人工资（或工时）×制造费用分配率

制造业企业费用核算的一般程序如下图所示：

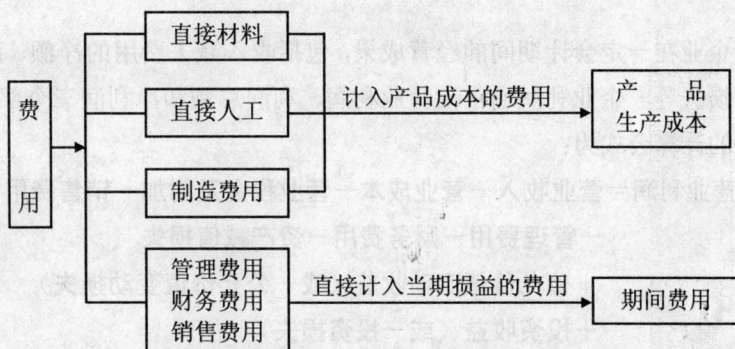

为了核算和监督生产过程的经济业务，企业应设置"生产成本"和"制造费用"两个成本账户。同时，生产业务的核算还要涉及"应付职工薪酬""累计折旧""管理费用""库存商品"等有关账户。

四、销售过程

企业在从事对外销售商品、提供劳务以及提供他人使用本企业资产等日常经营活动中，必定会形成企业的收入，但为获取一定的收入，企业首先要为取得产品、商品、劳务成本付出代价，同时，还必须交纳各种税金和发生销售费用。

（一）商品销售收入的概念

商品销售收入是指企业在销售商品等日常活动中所形成的经济利益的总流入。

（二）商品销售成本的计算

商品销售成本是指与销售商品收入相关的销售成本，即已售商品的制造成本。它主要包括营业成本、营业税金及附加和期间费用。

产品销售成本的计算公式如下：

本期应结转的产品销售成本＝本期销售商品的数量×单位产品生产成本

为了核算和监督销售过程的经济内容，企业应设置的账户主要有"主营业务收入""其他业务收入""主营业务成本""其他业务成本""营业税金及附加""销售费用""应收账款"等。

五、财务成果形成和分配

（一）利润的形成

利润是指企业在一定会计期间的经营成果，包括收入减去费用的净额、直接计入当期利润的利得和损失等。企业利润通常指营业利润、利润总额和净利润三个部分。

营业利润的计算公式为：

营业利润＝营业收入－营业成本－营业税金及附加－销售费用

－管理费用－财务费用－资产减值损失

＋公允价值变动收益（或－公允价值变动损失）

＋投资收益（或－投资损失）

其中：

营业收入＝主营业务收入＋其他业务收入

营业成本＝主营业务成本＋其他业务成本

利润总额的计算公式为：

利润总额＝营业利润＋营业外收入－营业外支出

净利润的计算公式为：

净利润＝利润总额－所得税费用

所得税费用＝应纳税额×适用税率

为了核算和监督财务成果的形成，企业应设置的账户主要有"投资收益""营业外收入""营业外支出""所得税费用""本年利润"等。

（二）利润的分配

利润分配是指企业净利润的分配。企业实现的净利润，要按照国家有关的法律、法规以及企业章程的规定，在企业和投资者之间进行分配。企业当期实现的净利润，加上年初未分配利润（减去去年年初未弥补亏损）和其他转入后的余额，即是可供分配的利润。企业实现的净利润，应首先按净利润的一定百分比提取法定盈余公积。

为了核算和监督财务成果的分配，企业应设置的账户主要有"利润分配""盈余公积"

"应付利润"等账户。

第二部分 职业能力训练

一、单选题

1. 下列采购费用中应计入采购成本的是（　　）。
   A. 专设采购机构的经费　　　　　　　B. 采购人员的差旅费
   C. 运输途中的合理损耗　　　　　　　D. 市内采购材料的运杂费

2. 下列各项目中，应计入"制造费用"账户的是（　　）。
   A. 生产产品耗用的材料　　　　　　　B. 行政管理人员的工资
   C. 机器设备的折旧费　　　　　　　　D. 生产工人的工资

3. "期间费用"账户期末应（　　）。
   A. 有借方余额　　　　　　　　　　　B. 无余额
   C. 有贷方余额　　　　　　　　　　　D. 余额有时在借方，有时在贷方

4. "生产成本"账户的期末借方余额表示（　　）。
   A. 期末在产品成本　　　　　　　　　B. 完工产品成本
   C. 本月生产成本合计　　　　　　　　D. 半成品成本

5. 销售产品时应交销售税金，应贷记的科目是（　　）。
   A. "产品销售收入"　　　　　　　　　B. "应交税费"
   C. "产品销售税金"　　　　　　　　　D. "所得税"

6. 企业计算应交所得税时，应借记的科目是（　　）。
   A. "所得税"　　　　　　　　　　　　B. "产品销售税金"
   C. "利润分配"　　　　　　　　　　　D. "应交税金"

7. 某企业"本年利润"账户5月末账面余额为58万元，表示（　　）。
   A. 1－5月份累计实现的产品销售利润　B. 1－5月份累计实现的营业利润
   C. 1－5月份累计实现的利润总额　　　D. 5月份实现的利润总额

8. 企业实际收到投资者投入的资金属于企业所有者权益中的（　　）。
   A. 固定资产　　B. 银行存款　　C. 资本公积　　D. 实收资本

9. 预提短期借款利息支出时，应贷记的账户是（　　）。
   A. "短期借款"　　B. "财务费用"　　C. "预提费用"　　D. "银行存款"

10. 年末结转后，"利润分配"账户的贷方余额表示（　　）。
    A. 未分配利润　　B. 利润实现额　　C. 利润分配额　　D. 未弥补亏损

二、多选题

1. 下列各项费用中，属于产品销售过程中发生的费用的有（　　）。

    A．运输费　　　　B．广告费　　　　C．业务招待费　　D．展览费

2. 材料采购成本包括（　　）。

    A．材料买价　　　B．增值税进项税　C．采购费用　　　D．采购人员差旅费

3. 下列各项中属于其他业务收入的有（　　）。

    A．出售废品　　　B．出租包装物　　C．提供劳务　　　D．代购代销

4. 下列各项中属于营业外支出的有（　　）。

    Λ．季节性停工损失　　　　　　　B．固定资产盘亏

    C．罚款支出　　　　　　　　　　D．坏账准备

5. 下列各项中应计入"营业税金及附加"项目的有（　　）。

    A．营业税　　　　B．增值税　　　　C．教育费附加　　D．城市维护建设税

6. 下列各项费用中，属于"管理费用"的项目是（　　）。

    A．公司经费　　　B．保险费　　　　C．业务招待费　　D．车间管理费

7. 企业实现的利润要按规定进行分配，即（　　）。

    A．以所得税形式上交国家　　　　B．以利润形式分配给投资者

    C．以增值税形式上交国家　　　　D．以盈余公积金形式留存企业

8. 为了核算利润分配和未分配利润的结存金额，"利润分配"账户一般设置（　　）
等明细账户。

    A．提取盈余公积　B．未分配利润　　C．盈余公积补亏　D．应付股利（利润）

9. 计提固定资产折旧时，与"累计折旧"账户对应的账户是（　　）。

    A．生产成本　　　B．管理费用　　　C．待摊费用　　　D．制造费用

10. 下列选项中，应通过"应付账款"账户核算的是（　　）。

    A．应交纳的税金　　　　　　　　B．应付购入包装物款项

    C．应付存入保证金　　　　　　　D．应付接受劳务的款项

三、判断题

1. "材料采购"账户期末如有借方余额，表示在途材料的实际成本。（　　）

2. 固定资产在使用过程中的磨损，表明固定资产价值的减少，应计入"固定资产"
账户的贷方。（　　）

3. 企业本期预收的销货款，属企业本期的收入。（　　）

4. 企业职工工资和福利费应计入产品生产成本。（　　）

5. 生产车间领用的原材料应计入"生产成本"账户的借方。（　　）

6．产品销售利润是企业的产品销售收入减去产品销售成本、产品销售费用及产品销售税金及附加后的余额。（　　）

7．行政管理部门领用的原材料应计入"制造费用"账户的借方。（　　）

8．"利润分配——未分配利润"明细账户的借方余额为未弥补亏损。（　　）

9．财务费用是一种期间费用，按期归集，期末全部转入"本年利润"账户。（　　）

10．企业转让无形资产使用权的收入应通过"营业外收入"账户核算。（　　）

四、计算分析题

万芳公司 2012 年 3 月有关收入和成本费用账户的发生额如下表所示：

账户名称	本月发生额（元）
主营业务收入	200 000
其他业务收入	5 000
投资收益	39 000
主营业务成本	100 000
其他业务成本	3 000
管理费用	6 000

要求：

1．计算万芳公司本月利润总额。

2．计算结转本月所得税费用（企业的所得税税率为 25%）。

3．计算公司本月的净利润。

第三部分　项目实训

实训一

【实训目的】

掌握企业资金筹集业务的账务处理。

【实训资料】

2012 年 2 月，柳林、唐三、秦羽 3 人共同投资组建万芳公司。按万芳公司的章程规定，注册资本为 600 万元，柳林、唐三、秦羽 3 人各占三分之一的股份。公司 2012 年 2 月至 4 月发生的与筹资活动相关的经济业务如下所示：

1. 2 月 1 日，收到唐三投入的 100 万元人民币（已存入万芳公司的开户银行）和价值 100 万元的车床。

2. 2 月 4 日，收到柳林投入的 150 万元人民币（已存入万芳公司的开户银行）和价值 50 万元的一项专利权投资，其价值已被投资各方确认，并已向万芳公司移交了专利证书等有关凭证。

3. 2 月 11 日，收到秦羽投入的厂房一幢，该厂房原值 300 万元，已提折旧 120 万元，投资各方确认的价值为 200 万元（同公允价值）。

4. 2 月 15 日，向银行借入为期 3 个月的短期借款 40 万元，年利率为 6%，款项已存入银行。

5. 2 月 29 日，预提短期借款利息 2 000 元。

6. 3 月 31 日，预提短期借款利息 2 000 元。

7. 4 月 30 日，万芳公司用银行存款归还到期的短期借款 40 万元，支付本月短期借款利息 6 000 元。

【实训要求】

根据万芳公司发生的以上经济业务，编制有关会计分录。

实训二

【实训目的】

掌握企业供应过程经济业务的账务处理。

【实训资料】

万芳公司 2012 年 5 月发生的经济业务如下所示：

1. 购进 1 台设备，买价 80 000 元，运输费 400 元，包装费 300 元，所有款项均以银行存款支付，设备交付使用。

2. 向益华公司购进甲材料 1 500 千克，单价 30 元，计 45 000 元，增值税 7 650 元；乙材料 2 000 千克，单价 15 元，计 30 000 元，增值税 5 100 元。款项以银行存款支付。

3. 用银行存款支付上述甲、乙材料的运杂费 7 000 元（按甲、乙两种材料的重量比例分摊）。

4. 向鸿运公司购进丙材料 3 000 千克，单价 20 元，计 60 000 元，增值税 10 200 元，款项尚未支付。

5. 用现金支付丙材料的运费及装卸费 3 000 元。

6．以银行存款偿还前欠鸿运公司材料款 70 200 元。

7．甲、乙、丙 3 种材料发生入库前的挑选整理费 3 250 元（按 3 种材料重量比例分摊），用现金支付。

8．本期购进的甲、乙、丙材料均已验收入库，现结转实际采购成本。

【实训要求】

根据万芳公司发生的上述经济业务编制会计分录。

实训三

【实训目的】

掌握企业生产过程经济业务的账务处理。

【实训资料】

万芳公司 2012 年 6 月发生的经济业务如下所示：

1．生产车间从仓库领取用于生产的各种材料，如下表所示：

用途	甲材料（单价10.5元）		乙材料（单价16.5元）		合计
	数量（千克）	金额（元）	数量（千克）	金额（元）	
生产 A 产品耗用	150	1 575	100	1 650	3 225
生产 B 产品耗用	120	1 260	80	1 320	2 580
合计	270	2 835	180	2 970	5 805

2．结算本月应付职工薪酬并计提员工福利费，按用途列表如下：

项目	工资合计（元）
生产 A 产品	5 000
生产 B 产品	4 000
小计	9 000
车间管理人员	2 000
行政管理人员	3 000
合计	14 000

3．按规定计提职工福利费 1 960 元，其中 A 产品工人 700 元，B 产品工人 560 元，车间管理人员 280 元，行政管理人员 420 元。

4．计提本月固定资产折旧，计提车间使用的固定资产折旧 600 元，管理部门使用的固定资产折旧 300 元。

5．以银行存款支付本月份应由车间负担的水电费 200 元。

6．车间报销办公费及其他零星开支 400 元，以现金支付。

7．车间管理人员出差报销差旅费 237 元，原预支 300 元，余额归还现金。

8．将制造费用 3 717 元如数转入"生产成本"账户。

9．本月生产 A 产品 100 件，B 产品 80 件，均已全部制造完成，并已验收入库，按实际成本 19 782 元入账。

【实训要求】

根据万芳公司发生的经济业务，编制有关会计分录。

实训四

【实训目的】

掌握企业销售过程中经济业务的账务处理。

【实训资料】

万芳公司 2012 年 11 月发生的部分经济业务如下所示：

1．向齐发公司出售 A 产品 600 件，每件售价 40 元，共计 24 000 元，增值税 4 080 元，货款已存入银行。

2．向荣欣公司出售 B 产品 400 件，每件售价 80 元，共计 32 000 元，增值税 5 440 元，货款尚未收到。

3．以银行存款支付产品广告费 1 000 元。

4．收到荣欣公司的前欠货款 37 440 元。

5．结算本月销售的 A、B 两种产品的实际成本（A 产品单位生产成本为 28 元，B 产品单位生产成本为 56 元）

6．计算本期应交纳的城市维护建设税 70 元和教育费附加 30 元。

【实训要求】

根据万芳公司发生的上述经济业务，编制有关会计分录。

实训五

【实训目的】

掌握企业财务成果形成和分配经济业务的账务处理。

【实训资料】

万芳公司 2012 年 11 月 30 日有关损益类账户总分类账的累计余额如下表所示：

账户名称	借方累计余额（元）	贷方累计余额（元）
主营业务收入		500 000
主营业务成本	375 000	
营业税金及附加	30 000	
销售费用	25 000	
其他业务收入		6 000
其他业务成本	3 500	
管理费用	3 000	
财务费用	2 000	
营业外收入		4 000
营业外支出	1 500	

其"利润分配"账户余额为 39 515 元，2012 年 12 月发生的经济业务如下所示：

1. 出售产品一批，税价合计 58 500 元（增值税税率为 17%），货款收到并存入银行。

2. 按出售产品的实际销售成本 32 000 元转账。

3. 按 5%税率计算销售产品应交纳的消费税 5 000 元。

4. 以现金支付产品销售过程中的运杂费 500 元。

5. 以银行存款支付管理部门办公经费 300 元。

6. 以银行存款支付银行借款利息 700 元。

7. 以库存现金支付违约罚金 500 元。

8. 没收某公司逾期未还包装物加收的押金 300 元。

9. 将 1—12 月发生的所有损益类账户转入"本年利润"账户。

10. 按本年利润总额的 25%计算和结转应交纳的所得税。

11. 将本年实现的净利润转入"利润分配"账户。

12. 按本年税后利润的 10%计算应提取的法定盈余公积。

13. 按本年税后利润的 15%计算登记应付给投资者的利润。

14. 年终结转利润分配明细账户余额。

【实训要求】

根据万芳公司发生的上述经济业务，编制有关会计分录。

实训六

【实训目的】

掌握企业主要经营过程的经济业务的账务处理。

【实训资料】

万芳公司 2012 年 11 月 30 日各总分类账户余额及有关账户明细资料如下所示：

账户名称	借方余额（元）	账户名称	贷方余额（元）
库存现金	1 300	短期借款	42 900
银行存款	139 200	应付账款	1 000
应收账款	3 000	其他应付款	800
原材料	125 000	应交税费	1 000
库存商品	164 000	实收资本	1 000 000
固定资产	882 000	盈余公积	14 000
利润分配	326 800	本年利润	427 000
		累计折旧	154 600
合　　计	1 641 300	合　　计	1 641 300

上表中，"库存商品"账户余额 164 000 元，其中：

A 产品 4 000 件，单价 20 元，共 80 000 元；

B 产品 7 000 件，单价 10 元，共 70 000 元；

C 产品 1 000 件，单价 14 元，共 14 000 元。

"应收账款"账户余额 3 000 元为易邦公司欠款。

"应付账款"账户余额 1 000 元为欠风齐公司货款。

万芳公司 2012 年 12 月发生的各项经济业务如下所示：

1. 仓库发出甲材料 40 000 元，用于生产 A 产品 21 900 元，B 产品 18 100 元。

2. 仓库发出辅助材料 2 000 元，供车间使用。

3. 从银行存款中提取现金 30 000 元。

4. 以现金支付职工工资 24 000 元。

5. 向富荣公司购入甲材料，税价合计 16 380 元（增值税税率为 17%）。该厂垫付运杂费 1 000 元，货款以银行存款支付。材料已验收入库，按其实际采购成本转账。

6．向风齐公司购入乙材料，税价合计 46 800 元（增值税税率为 17%）。货款以商业承兑汇票结算。材料已到达并验收入库。

7．以现金支付购入上述乙材料的搬运费 600 元，并按其实际采购成本转账。

8．收到易邦公司欠款 3 000 元，存入银行。

9．以银行存款支付上月应交消费税 1 000 元。

10．本月职工工资分配如下所示：

A 产品工人工资	10 000 元
B 产品工人工资	10 000 元
车间职工工资	3 000 元
管理部门职工工资	1 000 元
合　　计	24 000 元

11．计提职工福利费 3 360 元，福利费分配如下所示：

A 产品工人福利费	1 400 元
B 产品工人福利费	1 400 元
车间职工福利费	420 元
管理部门职工福利费	140 元
合　　计	3 360 元

12．计提本月固定资产折旧 3 160 元，其中车间使用固定资产折旧 2 380 元，管理部门使用固定资产折旧 780 元。

13．以银行存款支付车间办公费用 1 400 元。

14．将制造费用按生产工人工资比例分摊到 A、B 两种产品成本中。

15．A 产品已全部完成，共 2 000 件，按其实际成本入账。

16．出售给易邦公司 A 产品 1 800 件，售价 28 元/件，B 产品 4 400 件，售价 14 元/件，两种产品税价合计 131 040 元（增值税税率为 17%），货款尚未收到。

17．结转上述 A、B 两种产品的成本，其中，A 产品单价 20 元，B 产品单价 10 元，共计 80 000 元。

18．用现金支付销售产品包装费 300 元、装卸费 800 元等销售费用 1 100 元。

19．以银行存款支付短期借款利息 5 000 元。

20．以银行存款支付本月应计入的管理费用 1 200 元。

21．按售价计算应交已售产品的消费税 5 600 元。

22．由于连日大雨，辅助材料受损，损坏价值为 1 120 元，经批准，做非常损失处理。

23．出售多余的甲材料，税价合计 2 340 元（增值税税率为 17%），价款已存入银行。同时结转该材料的实际成本 1 500 元。

24. 将本年各损益类账户余额转至"本年利润"账户。

25. 按本年利润总额的 25%计算和结转应交纳的所得税。

26. 将本年实现的净利润转入"利润分配"账户。

27. 按本年税后利润的 10%计算应提取的法定盈余公积。

28. 按本年税后利润的 15%计算登记应付给投资者的利润。

29. 年终结转利润分配明细账户余额。

第四部分　案例分析与讨论

为了提高公司的竞争力，嘉铭公司计划兴建一条新的生产线。沈怀忠负责拿出几种有关新产品生产线的方案。在组织相关人员对每项机器设备的取得与安装成本、维修成本、备用零件成本、营运所需人工、机器操作人员潜在的危险以及训练工人操作机器的困难、水电成本等做了详尽的了解后，制作了完整的书面分析材料，列出了各个方案的优缺点，包括方案的总成本和不同生产方案下估计的单位成本。

沈怀忠对其中的 3 个最佳方案进行详细分析后，送交他的主管李明。李明研读后，向最高管理层提出建议。沈怀忠提出的 3 个方案的情况如下所示：

方案 A：成本最高，但对员工和环境是最安全的。

方案 B：成本适中，但提高了员工受损伤的风险。

方案 C：成本最低，但员工受伤害的概率最高，且可能引起环境受损。

几天后，沈怀忠正好看到李明将要报送最高管理层的报告复印件，他发现李明删除了各方案的许多缺点，而仅保留了 3 个方案的成本比较分析，其建议方案为 C。

沈怀忠陷入了两难境地，他是否应假装未看到李明的报告，还是应冒着得罪李明的危险与其讨论这个问题，或者越级与更高层的人员接触？这属于沈怀忠的问题吗？毕竟这不是他一人可以决定的，他已经完成了他分内的工作。如果真有意外发生或环境受损，沈怀忠会受到谴责吗？

分析：

1．沈怀忠应如何处理这件事情？除了上述的处理方式，还有其他的方法吗？

2．该案例反映了现行会计流程对企业生产费用的核算而言，有什么样的缺点？

第五部分　职业能力拓展训练

1．利用学习资源查阅企业职工薪酬的内容。

2．利用身边的学习资源查询什么是法定盈余公积。在每年年终进行利润分配时都需要提取法定盈余公积吗？

第六部分　考核评价表

项目序号	过程考核（30%）										结果考核（70%）						总分
	考核人	方案设计	过程实施	团队合作	资源利用	职业态度	组织纪律	小计	折合分值	合计	考核人	职业能力训练	项目实训	职业能力拓展训练	案例分析与讨论	合计	
项目5	教师（70%）										教师						
	小组（30%）																
教师评价											自我评价						

考核评价时间：　　　　　　　　　　　　　　　　　　　　教师签字：

项目六　填制和审核会计凭证

第一部分　知识要点

一、会计凭证的概念和分类

会计凭证，简称凭证，是财务会计工作中用以记录经济业务、明确经济责任的书面证明，是用来登记账簿依据的一种具有法律效力的书面证明文件。

会计凭证按其用途和填制程序分类，分为原始凭证和记账凭证。

二、原始凭证

（一）原始凭证的概念

原始凭证，又称单据，是在经济业务发生或完成时取得或填制的，用以记录或证明经济业务的发生或完成情况，明确经济责任的文字凭据。

（二）原始凭证的分类

1．原始凭证按照来源的不同，可划分为外来原始凭证和自制原始凭证。

2．原始凭证按照填制方法的不同，可分为一次凭证、累计凭证和汇总凭证。

3．原始凭证按照格式的不同，可分为通用凭证和专用凭证。

（三）原始凭证的基本内容

1．名称。

2．日期。

3．接受凭证的单位名称。

4．填制单位签章。

5．经济业务的内容，包括数量、单价、金额等内容。

6．有关人员签章。

7. 凭证附件。

在实际工作中，除了上述基本内容外，原始凭证还可以根据经营管理和特殊业务的需要，增加必要的内容，如合同号数、计划任务、预算项目等。有些特殊的原始凭证可不加盖公章，但这种凭证一般有固定的特殊标志，如铁道部统一印制的火车票。

（四）原始凭证的填制要求

1. 记录真实

记录真实，即要求对经济业务发生或完成情况进行如实的记录，不得弄虚作假。原始凭证上所填的日期、经济业务的内容及有关数据，都必须真实可靠，符合实际情况，不可估计或匡算。

2. 内容完整

内容完整，即原始凭证应按规定的格式和内容逐项填列，不得遗漏和省略。项目填列不全的原始凭证，不能作为经济业务的合法证明，也不能作为编制记账凭证的依据和附件。

3. 计算准确

计算准确，即原始凭证上记载的经济业务的数量、单价、金额应当准确无误。一些计算费用分配、摊销的原始凭证，费用摊提的方法及依据应符合会计准则、会计制度的相关规定，分配率、分摊金额的计算应当正确。

4. 书写清楚、规范

书写清楚、规范，即原始凭证要按规定填写，具体包括：① 文字要简要，字迹要清楚易于辨认，不得使用未经国务院公布的简化汉字；② 大小写金额必须相符且填写规范。

5. 手续完备

手续完备的要求主要包括以下几方面：

（1）单位自制的原始凭证必须有经办单位负责人或者其他授权人员签名盖章；

（2）从个人处取得的原始凭证，必须有填制人员签名或者盖章；

（3）对外开出的原始凭证，必须加盖本单位公章；

（4）购买食物的原始凭证，必须有验收证明；

（5）支付款项的原始凭证，必须有收款单位和收款人的收款证明；

（6）发生销货退回的，除填制退货发票外，还必须有退货验收证明；

（7）退款时，必须取得对方的收款收据或者汇款银行的凭证，不得以退货发票代替收据。

总之，取得的原始凭证必须符合手续完备的要求，以明确经济责任，确保凭证的合法性、真实性。

6. 编号连续

各种凭证要连续编号，以便查考。如果凭证已预先印定编号，如发票、支票等重要凭证，在写坏作废时，应加盖"作废"戳记，妥善保管，不得撕毁。

7. 不得涂改、刮擦、挖补

原始凭证有错误的，应当由出具单位重开或更正，更正处应当加盖出具单位印章。原始凭证金额有错误的，应当由出具单位重开，不得在原始凭证上更正。

8. 填制及时

填制及时，即各种原始凭证一定要及时填写，并按规定的程序及时送交会计机构、会计人员审核。

（五）原始凭证的审核

1. 合法性审核；

2. 合理性审核；

3. 完整性审核；

4. 真实性审核；

5. 正确性审核；

6. 及时性审核。

原始凭证的及时性是保证会计信息及时性的基础。为此，要求在经济业务发生或完成时及时填制有关原始凭证，及时进行凭证的传递。审核时应注意审查凭证的填制日期，尤其是支票、银行本票、银行汇票等时效性较强的原始凭证，更应仔细验证其签发日期。

三、记账凭证

（一）记账凭证的概念

记账凭证，又称记账凭单，是会计人员根据审核无误的原始凭证或原始凭证汇总表编制的，用以确认会计分录，直接作为登记账簿依据的一种会计凭证。

（二）记账凭证的分类

记账凭证按其格式划分，可以分为专用记账凭证和通用记账凭证。其中，专用记账凭证包括收款凭证、付款凭证和转账凭证。

记账凭证按其填制方式的不同，可分为单式记账凭证和复式记账凭证。

（三）记账凭证的基本内容

1. 记账凭证的名称；

2. 记账凭证的填制日期；

3. 记账凭证的编号;

4. 经济业务的内容摘要;

5. 经济业务所涉及的会计科目及其记账方向;

6. 金额;

7. 记账标记;

8. 所附原始凭证张数;

9. 会计主管、记账、审核、出纳、制单等相关人员的签章。

（四）记账凭证的填制要求

1. 正确确定应使用的记账凭证。

2. 恰当填写摘要栏。

3. 正确确定会计分录。

4. 记账凭证必须连续编号。

5. 不得随意汇编、拆编记账凭证。

6. 要注明所附原始凭证的张数。

7. "金额"栏填写要规范，空行要划线注销。填写"金额"栏时，要注意以下几方面:

（1）填写金额时，阿拉伯数字要规范，写到格宽的1/2，并平行对准借贷栏和科目栏次，防止串行。

（2）金额数字要写到分位，角分位没有数字要填上"00"；角分位的数字或零要与元位的数字平行，不得上下错开。

（3）要在金额合计行填写合计金额，并在前面写上"¥"符号。不是合计金额，则不填写货币符号。

（4）记账凭证"金额"栏在填制完经济业务事项后，如有空行，应当自金额栏最后一笔金额数字下的空行处至合计数上的空行处划斜线或"S"形线注销。

8. 要正确处理填错的记账凭证，方法如下:

（1）已经登记入账的记账凭证，在当年内发现会计科目填写错误时，可以用红字填写一张与原内容相同的记账凭证，在摘要栏注明"注销某月某日某号凭证"字样，同时再用蓝字重新填写一张正确的记账凭证，注明"订正某月某日某号凭证"字样。

（2）如果会计科目没有错误，只是金额错误，也可以将正确数字与错误数字之间的差额，另编制一张调整的记账凭证，调增金额用蓝字，调减金额用红字。

（3）发现以前年度记账凭证有错误的，应当用蓝字填制一张更正的记账凭证。

9. 会计电算化的记账凭证要规范。

（五）记账凭证的填制方法

1. 收款凭证的填制方法

收款凭证是根据现金或银行存款业务的原始凭证填制的。填制的方法主要包括以下几方面：

（1）收款凭证上的日期填写填制凭证时的日期。

（2）"摘要"栏内应填写经济业务的简要说明。

（3）左上方"借方科目"栏后应填写"库存现金"科目或"银行存款"科目。

（4）"贷方科目"栏应填写与收入现金或银行存款相对应的一级科目和二级科目或明细科目。

（5）各一级科目应贷金额应填入与本科目同一行的"一级科目金额"栏中，所属明细科目应贷金额应填入与各明细科目同一行的"明细科目金额"栏中。

（6）各一级科目应贷金额应等于所属各明细科目应贷金额之和。

（7）借方科目应借金额应为"合计"行的合计金额。

（8）"记账"栏注明记入总账或日记账、明细账的页次，也可以划"√"表示登记入账。

（9）"附件张数"填写所附原始凭证的张数。

2. 付款凭证的填制方法

付款凭证是根据现金或银行存款付款业务的原始凭证填制的。填制的方法主要包括以下几方面：

（1）左上方"贷方科目"栏后应填写"库存现金"科目或"银行存款"科目。

（2）"借方科目"栏应填写与付出现金或银行存款相对应的一级科目和二级或明细科目。

除了上述两点外，其他内容与收款凭证基本相同。

3. 转账凭证的填制方法

转账凭证是根据不涉及现金和银行存款收付的转账业务的原始凭证填制的。填制的方法主要包括以下几方面：

（1）"会计科目"栏应分别填写应借应贷的一级科目和所属二级或明细科目。

（2）借方科目的应记金额，在与借方科目同一行的"借方金额"栏填记；贷方科目的应记金额，在与贷方科目同一行的"贷方金额"栏填记；"借方金额"栏合计数与"贷方金额"栏合计数应相等。

除了上述两点外，其他内容与收款凭证、付款凭证基本相同。

通用记账凭证的填制与转账凭证的填制方法基本相同。

（六）记账凭证的审核

1. 内容是否真实；

2. 项目是否齐全；

3. 科目是否正确；

4. 金额是否正确；

5. 书写是否正确。

四、传递和保管会计凭证

（一）传递会计凭证

传递会计凭证是指从会计凭证取得或填制时起至归档保管期间，在单位内部有关部门和人员直接的传递程序。传递会计凭证一般包括传递程序和传递时间两个方面。在制定合理的凭证传递程序和时间时，通常考虑以下几个方面：

1. 合理规定各种会计凭证的联数和传递程序；

2. 合理规定会计凭证在各处理环节的停留时间；

3. 协商确定会计凭证的传递程序和传递时间；

4. 做好凭证传递的衔接手续。

（二）保管会计凭证

保管会计凭证是指会计凭证记账后的整理、装订、归档和存查工作。会计凭证作为记账的依据，是重要的会计档案和经济资料。

1. **装订会计凭证**

（1）在装订会计凭证之前，要检查每张会计凭证所附原始凭证的张数是否齐全，并且要对附件进行必要的外形加工。

（2）装订之前，要检查记账凭证是否分月按自然数 1，2，3……顺序连续编号，是否有跳号或重号现象。

（3）装订之前要进行设计，确定每月会计凭证的装订册数。

（4）所有会计凭证每册都要用结实的牛皮纸加具封面、封底，并且在封面上注明会计单位名称、会计凭证名称。

2. **保管会计凭证**

保管会计凭证的要求包括：

（1）会计凭证应及时传递，不得积压。

（2）会计凭证登记完毕后，应当按照分类和编号顺序保管，不得散乱丢失。

（3）记账凭证应当连同所附的原始凭证或者原始凭证汇总表，按照编号顺序，折叠整齐，按期装订成册。

（4）原始凭证不得外借，其他单位如因特殊原因需要使用原始凭证时，经本单位会计机构负责人、会计主管人员批准，可以复制。

（5）从外单位取得的原始凭证如有遗失，应当取得原开出单位盖有公章的证明，并注明原来凭证的号码、金额、内容等，由经办单位会计机构负责人、会计主管人员和单位领导人批准后，才能代作原始凭证。

（6）严格遵守凭证保管期限要求以及销毁的有关规定。

第二部分　职业能力训练

一、单选题

1. 下列不属于原始凭证基本内容的是（　　）。

    A. 填制日期　　B. 经济业务内容 C. 应借应贷科目 D. 有关人员签章

2. 原始凭证有错误的，正确的处理方法是（　　）。

    A. 退回，不予接受　　　　　　　B. 本单位代为更正

    C. 向单位负责人报告　　　　　　D. 由出具单位更正或重开

3. 产品生产领用材料，应编制的记账凭证是（　　）。

    A. 付款凭证　　B. 收款凭证　　C. 转账凭证　　D. 一次凭证

4. 记账凭证的填制是由（　　）完成的。

    A. 会计人员　　B. 经办人员　　C. 主管人员　　D. 出纳人员

5. 用转账支票支付前欠货款，应填制（　　）。

    A. 付款凭证　　B. 转账凭证　　C. 原始凭证　　D. 收款凭证

6. "限额领料单"是一种（　　）。

    A. 汇总凭证　　B. 一次凭证　　C. 累计凭证　　D. 单式凭证

7. 填制会计凭证是（　　）的前提和依据。

    A. 登记账簿　　B. 设置账户　　C. 编制会计报表 D. 成本计算

8. 从银行提取现金 1 000 元，应编制（　　）。

    A. 现金的收款凭证　　　　　　　B. 银行存款的收款凭证

    C. 现金的付款凭证　　　　　　　D. 银行存款的付款凭证

9. 盘存表是一张反映企业财产物资实有数的（　　）。

    A. 转账凭证　　B. 记账凭证　　C. 自制原始凭证 D. 外来原始凭证

10. 原始凭证的金额出现错误，正确的更正方法是（　　）。

    A. 由出具单位更正，并在更正处盖章

B.　由出具单位重开

C.　出取得单位更正，并在更正处盖章

D.　由出具单位另开证明，作为原始凭证的附件

二、多选题

1.　按照填制方法和手续的不同划分，原始凭证包括（　　　）。

　　A.　一次凭证　　　B.　自制原始凭证　C.　汇总凭证　　　D.　累计凭证

2.　会计凭证可以（　　　）。

　　A.　明确经济责任　B.　记录经济业务　C.　编制编表　　　D.　登记账簿

3.　收款凭证可以作为出纳人员（　　　）的依据。

　　A.　收入货币资金　　　　　　　　B.　登记现金日记账

　　C.　付出货币资金　　　　　　　　D.　登记银行存款日记账

4.　"发料凭证汇总表"分别是（　　　）。

　　A.　一次凭证　　　B.　原始凭证　　C.　汇总凭证　　　D.　自制凭证

5.　原始凭证按照格式的不同，可分为（　　　）。

　　A.　通用凭证　　　B.　累计凭证　　C.　专用凭证　　　D.　汇总凭证

6.　下列属于一次凭证的原始凭证有（　　　）。

　　A.　领料单　　　　B.　销货发票　　C.　收料单　　　　D.　限额领料单

7.　会计凭证的传递应结合企业（　　　）特点。

　　A.　经济业务　　　B.　岗位分工　　C.　管理要求　　　D.　内部机构设置

8.　会计凭证按用途和填制程序分为（　　　）。

　　A.　转账凭证　　　B.　累计凭证　　C.　记账凭证　　　D.　原始凭证

9.　在下列各项分类标准中，适用记账凭证分类的有（　　　）。

　　A.　来源　　　　　B.　填制方式　　C.　格式　　　　　D.　结构

10.　保管会计凭证是指会计凭证记账后的（　　　）工作。

　　A.　整理　　　　　B.　归档　　　　C.　装订　　　　　D.　存查

三、判断题

1.　自制原始凭证都是一次凭证。　　　　　　　　　　　　　　　　　　　（　　）

2.　所有的会计凭证都是登记账簿的依据。　　　　　　　　　　　　　　　（　　）

3.　记账凭证是根据账簿记录填制的。　　　　　　　　　　　　　　　　　（　　）

4.　记账凭证的依据只能是原始凭证。　　　　　　　　　　　　　　　　　（　　）

5.　原始凭证原则上不得外借，其他单位如有特殊原因确实需要使用时，经本单位会计机构负责人、会计主管人员批准，可以外借。　　　　　　　　　　　　　　　（　　）

6. 转账凭证是用于不涉及现金和银行存款收付业务的其他转账业务所用的记账凭证。　　　　　　　　　　　　　　　　　　　　　　　　　　（　　）

7. 所有的记账凭证都必须附有原始凭证，否则不能作为记账的依据。　　　（　　）

8. 填制会计凭证是会计核算的方法之一，也是会计核算工作的起始环节。（　　）

9. 原始凭证是跨级核算的原始资料和重要依据，是登记会计账簿的直接依据。（　　）

10. 单式记账凭证是依据单式记账法填制的。　　　　　　　　　　　　　（　　）

第三部分　项目实训

【实训目的】

掌握会计凭证的填制。

【实训资料】

1. 意发公司（增值税一般纳税人）2012 年 5 月 16 日收到瑞安公司签发的转账支票一张（如下图所示），支付所欠货款 37 440 元。请完成意发公司此项经济业务中的"进账单"和"收款收据"的填写工作。

2. 意发公司（增值税一般纳税人）2012 年 6 月发生部分经济业务如下所示：

（1）6 月 2 日，向荣新公司购入甲材料，税价合计 40 950 元（增值税税率为 17%），货款以商业汇票支付。材料未到。

（2）6 月 7 日，从银行提取现金 2 000 元。

（3）6 月 13 日，公司市场部孙伟刚报销差旅费 3 875 元，退回多余款 125 元。

（4）6 月 19 日，销售给广茂公司一批 A 产品，税价合计 36 270 元（增值税税率为 17%），货款已收并存入银行。

（5）6 月 21 日，车间领用甲材料 17 000 元用于生产 A 产品。

（6）6 月 25 日，销售给盛安公司一批 A 产品，税价合计 25 740 元（增值税税率为 17%），货款未收。

（7）6 月 29 日，以银行存款支付电费 2 100 元。

要求：

1. 请根据上述经济业务，确定应编制的记账凭证的种类。

2. 请根据上述经济业务，编制记账凭证。

第四部分　案例分析与讨论

许晓杰是意发公司的会计部主任，在一次会计复核时发现，会计陈斌丢失了一张银行存款记账凭证。许晓杰在仔细审核原始凭证和银行对账单后，对陈斌进行了批评，同时让他重新编制了一份记账凭证。几天后，许晓杰在复核时发现，公司的另一名会计王雨桐编制的银行存款付款凭证所附的 10 000 元现金支票存根丢失，同时发现还有记账现金付款凭证所附的原始凭证与凭证所注张数不符。许晓杰马上让王雨桐停止工作，并且与她一起查询这张支票的去向。王雨桐对此很不满，认为徐主任小题大做，偏向陈斌。请问你如何看待这件事？

第五部分　职业能力拓展训练

1. 企业在发生经济业务时都会取得原始凭证，为什么还要根据原始凭证填制记账凭证？

2. 利用学习资源查询会计档案的作用。

第六部分　考核评价表

项目序号	过程考核（30%）									结果考核（70%）						总分
	考核人	方案设计	过程实施	团队合作	资源利用	职业态度	组织纪律	小计	折合分值	合计	考核人	职业能力训练	项目实训	职业能力拓展训练	案例分析与讨论	合计	
项目6	教师（70%）										教师						
	小组（30%）																
教师评价										自我评价							

考核评价时间：　　　　　　　　　　　　　　　　　教师签字：

项目七 设置和登记会计账簿

第一部分 知识要点

一、启用会计账簿

（一）会计账簿的概念

会计账簿又称账簿或账册，是指由一定格式账页组成的，以审核无误的会计凭证为依据，用以全面、系统、连续地记录一个企业或单位各项经济业务的簿籍。设置和登记账簿是会计工作的一个重要环节。

（二）会计账簿的种类

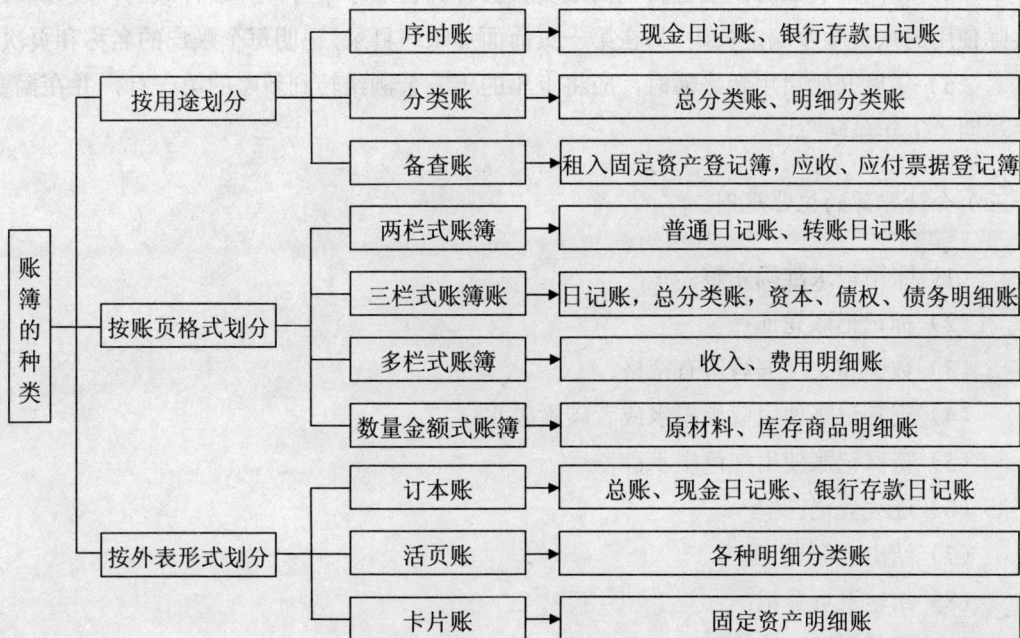

```
                      ┌─ 序时账 ──────→ 现金日记账、银行存款日记账
          ┌ 按用途划分 ┼─ 分类账 ──────→ 总分类账、明细分类账
          │           └─ 备查账 ──────→ 租入固定资产登记簿，应收、应付票据登记簿
          │
          │           ┌─ 两栏式账簿 ───→ 普通日记账、转账日记账
 账簿的种类 ┤           ├─ 三栏式账簿账 ─→ 日记账，总分类账，资本、债权、债务明细账
          ┤ 按账页格式划分┤ 多栏式账簿 ───→ 收入、费用明细账
          │           └─ 数量金额式账簿 → 原材料、库存商品明细账
          │
          │           ┌─ 订本账 ──────→ 总账、现金日记账、银行存款日记账
          └ 按外表形式划分┼─ 活页账 ──────→ 各种明细分类账
                      └─ 卡片账 ──────→ 固定资产明细账
```

（三）会计账簿的基本内容

会计账簿一般应包括以下基本内容：

（1）封面。主要标明账簿名称、记账单位名称和会计年度。

（2）扉页。一般包括账簿启用和经管人员一览表及账户目录。账簿启用和经管人员一览表用以载明会计账簿的使用信息，具体包括：单位名称，账簿名称、编号、页数、启用日期，经管账簿人员、接交记录，有关人员签章等。

（3）账页。账页是用来记录具体经济业务的载体，其格式因记录经济业务事项内容的不同而不同，但基本都包括：① 账户名称，即会计科目，包括一级会计科目、二级或明细科目名称；② 记账日期栏；③ 凭证种类和号数栏；④ 摘要栏，记录对经济业务的简要说明；⑤ 金额栏，记录本账户发生增、减变化的金额及余额；⑥ 总页次栏和分户页次栏，分别记录账页在账本中的页次和在分户账页中的页次。

（4）封底。封底一般没有具体内容，它同封面共同起着保护账簿的作用。

（四）会计账簿的启用规则

（1）启用会计账簿时，应当在账簿封面上写明账簿名称和记账单位名称。

（2）在账簿扉页上应当附账簿启用和经管人员一览表。

（3）启用订本账时，应当从第一页到最后一页按顺序编定页码，不得跳页、缺号。

（4）使用活页账时，应当将空白账页按会计科目顺序编号，并装订成册，装订后按实际使用的账页顺序编定页码。另在第一页前面加账户目录，记明每个账户的名称和页次。

（5）年度开始启用新账簿时，应将上年的年末余额结转到新账的第一行，并在摘要栏注明"上年结转"。

（五）会计账簿的记账规则

（1）账簿记录准确完整；

（2）标记记账凭证；

（3）数字和文字书写留有空格；

（4）正常记账使用蓝黑墨水或者碳素墨水；

（5）特殊记账使用红色墨水；

（6）连续登记；

（7）结出余额登记；

（8）结转下页登记；

（9）不得刮擦、涂改。

二、登记会计账簿

（一）登记现金日记账

现金日记账是用来核算和监督库存现金每日的收入、支出和结余情况的账簿。

现金日记账由出纳人员根据现金收款凭证、现金付款凭证和银行存款付款凭证（记录从银行提取现金的业务），按经济业务发生的时间顺序逐日逐笔进行登记。

（二）登记银行存款日记账

银行存款日记账是用来核算和监督银行存款每日的收入、支出和结余情况的账簿。

银行存款日记账由出纳人员根据银行存款收款凭证、银行存款付款凭证和现金付款凭证（记录现金存入银行的业务），按经济业务发生的时间顺序逐日逐笔进行登记。

（三）登记总分类账

总分类账是指按照总分类账户分类登记以提供总括核算资料的账簿。

总分类账可以直接根据记账凭证逐笔登记，也可以根据科目汇总表或汇总记账凭证等登记。

（四）登记明细分类账

明细分类账是根据二级账户或明细账户开设账页，分类、连续登记经济业务事项以提供明细核算资料的账簿。

通常情况下，固定资产、债权和债务等明细分类账应逐笔登记；种类多、收发频繁的库存商品、原材料等明细分类账可以逐笔登记，也可定期汇总登记；有关收入、费用、成本等明细分类账可以逐日汇总登记，也可以定期汇总登记。

（五）总分类账与明细分类账的平行登记

总分类账户与其所属的明细分类账户的平行登记是指对每项经济业务事项都要以会计凭证为依据，一方面记入有关总分类账户，另一方面又要记入其所属明细分类账户。

总分类账与明细分类账平行登记的要点包括：① 依据相同；② 方向相同；③ 期间相同；④ 金额相同。

三、对账和结账

（一）对账

对账是指定期对各类账簿记录进行核对，做到账证相符、账账相符和账实相符。

1. 账证核对

账证核对是指核对会计账簿记录与原始凭证、记账凭证的时间、凭证字号、内容、金额是否一致，记账方向是否相符。

2. 账账核对

账账核对是指核对不同会计账簿之间的有关记录是否相符。账账核对主要包括：

（1）总分类账各账户的借方期末余额合计数与贷方期末余额合计数核对。

（2）总分类账各账户的期末余额与其所属明细分类账户的期末余额之和核对。

（3）总分类账中"库存现金"和"银行存款"账户的期末余额应分别与现金日记账和银行存款日记账的期末余额核对。

（4）会计部门有关财产物资的明细分类账期末余额应与财产物资保管或使用部门登记的明细账（卡）核对。

3. 账实核对

账实核对是指核对会计账簿记录与有关的货币资金和财产物资等实有数额是否相符。主要包括：

（1）现金日记账账面余额与现金实际库存数核对。

（2）银行存款日记账账面余额与银行对账单核对。

（3）各种财产物资明细分类账账面余额与实存数核对。

（4）各种应收、应付明细账账面余额与对方单位的账面记录核对。

（二）结账

结账是指在把一定时期（月份、季度、半年度、年度）内发生的经济业务全部登记入账的基础上，结算出每个账户的本期发生额和期末余额，并将期末余额转入下一个会计期间。

1. 结账的一般程序

（1）将本期发生的经济业务事项全部登记入账，并保证结账的正确性。

（2）按权责发生制的要求，调整有关账项，合理确定本期应计收入和应计费用。

（3）将损益类账户转入"本年利润"账户，结平所有损益类账户。

（4）结算出资产、负债和所有者权益账户的本期发生额和余额，并结转下期。

2．结账的方法

（1）对于不需按月结计本期发生额的账户（如各项债权、债务明细账和各项财产物资明细账等），每次记账后，都要随时结出余额，每月最后一笔余额即月末余额。月末结账时，只需要在最后一笔经济业务事项记录下通栏划单红线，不需要再结计一次余额。

（2）现金日记账、银行存款日记账和需要按月结计发生额的收入、费用等明细账，月末结账时，要结出本月发生额和月末余额，在摘要栏内注明"本月合计"字样，并在下面通栏划单红线。

（3）需要结计本年累计发生额的某些明细账（如收入明细账、费用明细账等），每月结账时，应在"本月合计"行下结出自年初起至本月末止的累计发生额，登记在月份发生额下面，在摘要栏内注明"本年累计"字样，并在下面通栏划单红线。12 月末的"本年累计"就是全年累计发生额，全年累计发生额下面应通栏划双红线。

（4）总账账户平时只需结计月末余额，不需要结计本月发生额。年终结账时，为了反映全年各会计要素增减变动的全貌，便于核对账目，要将所有总账账户结计全年发生额和年末余额，在摘要栏内注明"本年合计"字样，并在合计数下通栏划红双线。

（5）年度终了结账时，有余额的账户要将其余额结转到下一会计年度，并在摘要栏内注明"结转下年"字样；在下一会计年度新建有关会计账簿的第一行余额栏内填写上年结转的余额，并在摘要栏内注明"上年结转"字样。

四、错账更正方法

（一）划线更正法

在结账以前，发现记账凭证正确但登记账簿发生错误，可采用划线更正法进行更正。

划线更正的具体方法是：先在错误的数字或文字上划一条红线以示注销，然后在红线上面空白处用蓝色或黑色笔写上正确的数字或文字，并由会计人员和会计机构负责人（会计主管）在更正处盖章，以明确责任。

（二）红字更正法

记账以后，在当年内发现记账凭证会计科目用错或者金额写多，导致账簿登记错误，可采用红字更正法进行更正。

1．记账凭证上会计科目用错，导致账簿登记错误

更正方法：第一步，用红字填写一张与原记账凭证完全相同的记账凭证，然后用红字

登记入账，在摘要栏中注明"冲销×月×日第×号凭证错账"。第二步，用蓝字填写一张正确的记账凭证，然后用蓝字登记入账，在摘要栏中注明"补记×月×日账"。

2. 记账凭证上会计科目正确，金额写多，导致账簿登记错误

更正方法：用红字填写一张除金额外与原记账凭证完全相同的记账凭证，在"金额"栏中填列多计数额（如原记账凭证写了 500 元，实际数额是 50 元，则多计数额为 450 元），然后用红字登记入账，在摘要栏中注明"冲转某月某日第×号凭证多记金额"。

（三）补充更正法

记账以后，在当年内发现记账凭证会计科目正确，金额写少，导致账簿登记错误，可采用补充更正法进行更正。

更正方法：用蓝字填写一张除金额外与原记账凭证完全相同的记账凭证，在"金额"栏中填列少计数额（如原记账凭证写了 500 元，实际数额是 800 元，则多计数额为 300 元），然后用蓝字登记入账，在摘要栏中注明"补充某月某日第×号凭证少记金额"。

五、更换和保管会计账簿

（一）会计账簿的更换

在旧会计年度终了时，会计人员通常会将上年度的旧账簿更换为新账簿。固定资产明细账和债权债务明细账等，由于原材料品种、数量和往来相关的单位较多，更换新账需要重新抄一遍，就加大了工作量，因此，可以跨年度使用，不必每年更换一次。第二年度时，可直接在上年终了的双线下面记账。各种备查账簿也可以连续使用。

（二）会计账簿的保管

通常总账（包括日记总账）和明细账保管期限为 15 年；日记账保管期限为 15 年，但现金和银行存款日记账保管期限为 25 年；固定资产卡片账在固定资产报废清理后保管 5 年；辅助账簿保管期限为 15 年。

第二部分　职业能力训练

一、单选题

1. 会计账簿分为序时账、分类账、备查账，其分类标志是（　　）。
   A. 用途　　　　　B. 性质　　　　　C. 格式　　　　　D. 外形

2. 能够总括反映企业某一类经济业务增减变动的会计账簿是（　　）。
   A. 总分类账　　　B. 两栏式账　　　C. 备查账　　　　D. 序时账

3. 下列明细账分类账中，可以采用多栏式账页格式的是（　　）。
   A. 应付账款明细分类账　　　　　B. 实收资本明细分类账
   C. 库存商品明细分类账　　　　　D. 管理费用明细分类账

4. 下列项目中，"连接会计凭证和会计报表的中间环节"指的是（　　）。
   A. 复式记账　　　　　　　　　B. 设置会计科目和账户
   C. 设置和登记账簿　　　　　　D. 编制会计分录

5. 原材料明细账通常采用（　　）账簿。
   A. 多栏式　　　　B. 数量金额式　　C. 三栏式　　　　D. 卡片式

6. 可以采用三栏式的明细账是（　　）。
   A. 产成品明细账　　　　　　　B. 债权债务明细账
   C. 固定资产明细账　　　　　　D. 制造费用明细账

7. 在结账前，若发现记账凭证所记金额小于应记金额，并已过账，应采用（　　）更正。
   A. 补充登记法　　B. 划线更正法　　C. 红字更正法　　D. 平行登记法

8. 记账后发现，会计人员在分配工资费用时，把车间管理人员的工资记入"管理费用"科目，应采用的更正方法是（　　）。
   A. 划线更正法　　B. 补充登记法　　C. 红字更正法　　D. 只编制贷项分录冲减

9. 年末结账时，应在摘要栏内注明"本年合计"字样，并在合计数下划通栏（　　）。
   A. 单红线　　　　B. 单蓝线　　　　C. 双红线　　　　D. 双蓝线

10. 下列有关对账工作中，不属于账账核对的内容是（　　）。
    A. 银行存款日记账余额与其总账余额的核对
    B. 银行存款日记账余额与银行对账单余额的核对
    C. 总分类账各账户借方发生额合计与其所属明细分类账借方发生额合计的核对
    D. 总分类账各账户贷方余额合计与其明细账贷方余额合计的核对

二、多选题

1．明细分类账的账页格式一般有（　　　）。

    A．三栏式　　　　B．数量金额式　　C．多栏式　　　　D．两栏式

2．在账簿记录中，红笔只能适用（　　　）。

    A．登账　　　　　B．冲账　　　　　C．结账　　　　　D．错账更正

3．错账更正的方法有（　　　）。

    A．补充更正法　　B．挖补法　　　　C．划线更正法　　D．红字更正法

4．多栏式明细账的账页格式一般适用于（　　　）。

    A．资产类账户　　B．费用类账户　　C．收入类账户　　D．成本类账户

5．账簿按其外表形式分类，包括（　　　）。

    A．订本账　　　　B．活页账　　　　C．序时账　　　　D．卡片账

6．下列情形中，可采用划线更正法的是（　　　）。

    A．在结账前，发现记账凭证无误，但登账时金额有笔误

    B．结账时，计算的期末余额有错误

    C．发现记账凭证金额错误，并已登记入账

    D．发现记账凭证金额错误，原始凭证无误，记账凭证尚未登记入账

7．必须采用订本式账簿的有（　　　）。

    A．原材料明细账　　　　　　　　B．现金日记账

    C．银行存款日记账　　　　　　　D．应付账款明细账

8．下列项目中，属于对账范围的有（　　　）。

    A．账簿记录与有关报表的核对

    B．日记账余额与有关总分类账余额的核对

    C．账簿记录与有关原始凭证的核对

    D．原材料明细账余额与原材料实物的核对

9．对账的内容一般包括（　　　）。

    A．账实核对　　　B．账账核对　　　C．账表核对　　　D．账证核对

10．以下账簿需要在每年年初更换新账的是（　　　）。

    A．总分类账　　　　　　　　　　B．银行存款日记账

    C．现金日记账　　　　　　　　　D．固定资产卡片账

三、判断题

1．现金日记账和银行存款日记账，必须采用订本式。　　　　　　　　（　　）

2．多栏式总分类账是指把所有的总账科目并在一张账页上。　　　　　（　　）

3. 结账就是结算，登记每个账户期末余额的工作。　　　　　　　（　　）

4. 总分类账及其明细分类账必须在同一会计期间内登记。　　　　（　　）

5. 更换新账簿时，如有余额，则在新账簿中的第一行摘要栏内注明"上年结转"。（　　）

6. 账簿是重要的经济档案和历史资料，必须长期保存，不得销毁。　　（　　）

7. 序时账、分类账和备查簿必须直接根据记账凭证登记。　　　　　（　　）

8. 为了使账簿记录清晰有效，除更正错账外，一律不得使用红色墨水记账。（　　）

9. 备查账必须每年更换新账，可以连续使用。　　　　　　　　　（　　）

10. 年终结账时，对于有余额的账户，应将其余额直接记入新账余额栏内，不需要编制记账凭证。　　　　　　　　　　　　　　　　　　　　　　（　　）

四、计算分析题

荣昌公司 2012 年 9 月"应付账款"总分类账与所属明细分类账户发生额及余额表如下表所示。请根据总分类账与所属明细分类账之间的关系，完成下表中相关栏目的填写。

	应付账款总分类账	应付账款明细分类账			
		A 公司	B 公司	C 公司	合计
期初余额		20 000	18 000	31 000	
本期借方发生额	34 000	10 000	8 000		
本期贷方发生额		5 000		10 000	19 000
期末余额					

第三部分　项目实训

实训一

【实训目的】

掌握银行存款日记账和现金日记账的登记。

【实训资料】

荣昌公司 2012 年 5 月 31 日银行存款日记账余额为 180 000 元；现金日记账的余额为 2 000 元。6 月上旬发生下列银行存款和现金收付业务：

1. 1 日，投资者投入现金 50 000 元，存入银行（银收 1 号）。

2. 1 日，以银行存款 10 000 元归还短期借款（银付 1 号）。

3. 2 日，以银行存款 15 000 元偿还应付账款（银付 2 号）。

4. 2 日，以现金 1 000 元存入银行（现付 1 号）。

5. 3 日，用现金暂付职工差旅费 800 元（现付 2 号）。

6. 4 日，从银行提取 2 000 元备用（银付 3 号）。

7. 4 日，收到应收账款 50 000 元存入银行（银收 2 号）。

8. 5 日，以银行存款 40 000 元支付购买材料款（银付 4 号）。

9. 6 日，以银行存款 1 000 元支付购入材料运费（银付 5 号）。

10. 7 日，从银行提取现金 18 000 元，准备发放工资（银付 6 号）。

11. 7 日，用现金 18 000 元发放职工工资（现付 3 号）。

12. 8 日，以银行存款支付本月电费 1 800 元（银付 7 号）。

13. 9 日，销售一批产品，货款 35 100 元，存入银行（银收 3 号）。

14. 10 日，用银行存款支付销售费用 2 000 元（银付 8 号）。

15. 10 日，用银行存款上交销售税金 3 100 元（银付 9 号）。

【实训要求】

登记银行存款日记账和现金日记账，并结出 10 日的累计余额。

实训二

【实训目的】

掌握总分类账与明细分类账的平行登记。

【实训资料】

荣昌公司 2012 年 7 月发生下列经济业务：

1. 1 日，用银行存款支付行政管理部门的办公费 300 元。

2. 20 日，用现金支付离退休人员的工资 1 900 元。

3. 31 日，计提本月行政管理部门使用的固定资产折旧 320 元。

4. 31 日，月末，结转本月发生的管理费用。

【实训要求】

1. 根据上述业务编制记账凭证。

2. 登记管理费用总账和明细账。

实训三

【实训目的】

掌握错账的更正方法。

【实训资料】

荣昌公司将账簿与记账凭证进行核对,发现下列几项经济业务的凭证内容或账簿记录有错误:

1. 开出转账支票一张 200 元,支付管理部门零星开支。原记账凭证为:

借:管理费用　　　　　　　　　　　　　　　　　　　　　　　　　　200
　　贷:库存现金　　　　　　　　　　　　　　　　　　　　　　　　　　　200

2. 签发转账支票 4 000 元,预付后三季度的报刊订阅费。原记账凭证为:

借:待摊费用　　　　　　　　　　　　　　　　　　　　　　　　　　400
　　贷:银行存款　　　　　　　　　　　　　　　　　　　　　　　　　　　400

3. 签发转账支票 6 000 元,预付后三季度房租。原记账凭证为:

借:待摊费用　　　　　　　　　　　　　　　　　　　　　　　　　9 000
　　贷:银行存款　　　　　　　　　　　　　　　　　　　　　　　　　　9 000

4. 用现金支付管理部门零星购置费 78 元。原记账凭证为:

借:管理费用　　　　　　　　　　　　　　　　　　　　　　　　　　78
　　贷:库存现金　　　　　　　　　　　　　　　　　　　　　　　　　　　78

(注:记账时现金付出栏记录为 87 元)

【实训要求】

判断上列各经济业务的账务处理是否有误,如有错误,采用适当方法加以更正。

第四部分　案例分析与讨论

个体户老板刘奇于 2010 年开设一家具门市部。经国税部门调查,自 2011 年 5 月至 2012 年 3 月,刘奇取得营业收入 171 万元,但刘奇以使用外地发票等手段向国税机关隐瞒真实收入,少交增值税 59 000 余元。

2012 年 5 月 11 日,国税稽查局在检查中,调取了刘奇的现金日记账,并要求刘奇自查申报补税。刘奇称没赚钱,只向税务部门申报补税 532 元,并称要重新核对账簿。5 月 15 日,刘奇接到国税稽查局通知,到局办公室重新核对现金日记账。工作人员将账簿交还给刘奇后,就去忙别的工作了。刘奇见无人监视,就偷偷将账簿上的部分数字由大改小。

下班时，稽查人员收回刘奇的现金日记账簿时，发现有十多个数字有涂改痕迹，大部分是将数字由千位改为百位，涂改后的总数比原来少数万元。该工作人员立即向当地警方报案。在事实与证据面前，刘奇承认了偷改账簿的事实。你对这件事有何看法？

第五部分　职业能力拓展训练

利用学习资源查阅《会计法》对会计账簿的相关规定。

第六部分　考核评价表

项目序号	过程考核（30%）										结果考核（70%）						总分
	考核人	方案设计	过程实施	团队合作	资源利用	职业态度	组织纪律	小计	折合分值	合计	考核人	职业能力训练	项目实训	职业能力拓展训练	案例分析与讨论	合计	
项目7	教师（70%）										教师						
	小组（30%）																
	教师评价										自我评价						

考核评价时间：　　　　　　　　　　　　　　　　　教师签字：

项目八　组织和开展财产清查

第一部分　知识要点

一、财产清查的概念和分类

财产清查是指根据账簿记录,对企业的实物资产、库存现金、往来款项等进行实地盘点或核对账目,查明各项财产的实存数,确定实存数与账存数是否相符,并据以调整会计账簿,保证账实相符的一种专门方法。

财产清查按清查范围可分为全面清查和局部清查,按清查时间可分为定期清查和不定期清查。

二、实物财产清查

企业的实物资产主要包括存货和固定资产。实物资产清查应核对其账面数量与实际数量。

(一)财产物资盘存制

会计实务中用以确定财产物资账面数量的盘存制度包括实地盘存制和永续盘存制。

盘存制度	实地盘存制	永续盘存制
账簿记录及期末数量确定	平时存货账簿上只登记财产物资的增加,不登记其减少,期末根据实地盘点的结存数倒挤出本期存货减少数,并据以记账	平时逐日逐笔在明细账中登记增加数和减少数,并随时结出结存数
发出数量确定	本期发出数=期初结存数+本期增加数-期末盘点实际结存数	期末结存数=期初结存数+本期增加数-本期减少数
优点	核算工作简单,工作量小	能随时反映库存现金物资的账面结存数量和金额,当发生溢余或短缺时,可以及时查明原因、明确责任、及时纠正,有利于财产物资库存的管理和控制

续表

盘存制度	实地盘存制	永续盘存制
缺点	有时会将非正常原因所造成的损耗挤入正常的本期发出存货成本，直接影响成本计算的正确性，不利于保护财产物资的安全与完整	存货的明细分类核算工作量较大，需要较多的人力和费用
适用范围	品种杂、单位价值低和交易频繁的商品以及数量不稳定、损耗大且难以控制的鲜活商品	大多数企业采用

注：不管使用哪一种盘存制度，都需要进行实地盘点。

（二）实物资产清查的一般程序

实物资产清查的一般程序包括：成立财产清查机构、下达实物资产清查任务、做好财产清查的各项业务准备、确定财产清查的方法、开展实物资产清查和处理实物资产清查的结果。具体内容见下表。

序号	工作程序	工作要求
1	成立财产清查机构	由单位负责人任组长，负责整个清查工作的组织协调；由总会计师或主管厂长任副组长，负责财产清查工作的具体落实；同时，由财会部门、设备部门、技术部门、生产部门、行政部门及其他有关部门参加，保证财产清查工作各环节的顺利进行
2	下达实物资产清查任务	下达实物资产清查任务的内容一般包括：清查的目的和任务、清查的时点和范围、清查方式和时间安排、清查工作要求等
3	做好财产清查的各项业务准备	（1）财会部门应在财产清查之前将所有已发生的经济业务登记入账，并结出有关账户余额； （2）财产物资保管人员应将其所保管的各种财产物资归类整理，堆放整齐，挂上标签，标明品种、规格和结存数量； （3）财产清查工作领导小组应组织有关部门准备好各种必要的、精确的度量器具，印制好各种财产清查的登记表册
4	确定财产清查的方法	（1）大多数财产物资清查可采用实地盘点法； （2）不便于称量的大堆、笨重、单位价值较低但存放有一定规则的财产物资采用技术推算法； （3）单位价值小、数量多、重量比较均匀，特别是已包装好的实物资产采用抽样盘点法
5	开展实物资产清查	核实资产价值和账实相符情况、资产基本情况、资产归属权情况、资产的质量和使用情况、资产分布情况，填制"盘存单"和"账存实存对比表"，并由清查人员和实物保管人员签名盖章

序号	工作程序	工作要求
6	处理实物资产清查的结果	发生盘盈、盘亏或毁损时，必须以国家有关的政策、法令和制度为依据，严肃认真地做好清查结果的处理工作。同时，要设置"待处理财产损溢"账户对其进行账务处理

（三）实物资产清查结果的处理

清查结果	资产	处理要求
盘盈	存货	（1）盘盈发生时，借记"原材料""库存商品"等账户，贷记"待处理财产损溢"账户； （2）转销时，借记"待处理财产损溢"账户，贷记"管理费用"账户
	固定资产	《企业会计准则》规定，固定资产的盘盈属于前期差错，应按照《会计政策、会计估计变更和差错更正》准则的规定进行处理，这部分内容将在后续专业会计中学习，本书暂不介绍
盘亏	存货	（1）盘亏发生时，借记"待处理财产损溢"账户，贷记"原材料""库存商品"等账户。 （2）转销时，贷记"待处理财产损溢"账户，借记账户可根据以下情况进行处理： ① 属于自然损耗产生的定额内合理亏损，经批准记入"管理费用"账户； ② 属于超定额短缺以及存货毁损的亏损，能确定过失人的应由过失人负责赔偿，记入"其他应收款"账户；属于保险公司赔偿的，应向保险公司索赔，记入"其他应收款"账户；扣除过失人或保险公司赔款后的净损失，经批准记入"管理费用"账户； ③ 属于自然灾害及意外事故所造成的损失，应将可收回的残料价值借记"原材料"账户，应向保险公司索赔款借记"其他应收款"账户，应将扣除残料价值及可以收回的保险赔偿和过失人的赔偿后的净损失作为非常损失，借记"营业外支出——非常损失"账户； ④ 属于无法收回的其他损失，在报经批准后，记入"管理费用"账户
	固定资产	（1）盘亏发生时，借记"待处理财产损溢""累计折旧"账户，贷记"固定资产"账户； （2）转销时，借记"营业外支出——非流动资产损失"账户，贷记"待处理财产损溢"账户

三、库存现金清查

（一）库存现金清查的种类

库存现金的清查一般包括日常自查和专门清查两种。

日常清查，即每日营业终了，出纳人员根据当日的收付凭证登记现金日记账，结出账面余额，并与库存现金的实有数额相互核对，以确定账实是否相符的清查工作。

专门清查是由专门的财产清查人员和出纳人员一起对库存现金所进行的清查。

（二）库存现金清查的范围

库存现金清查的范围包括：① 核对库存现金实有数额与现金日记账账面余额是否相符；② 库存现金是否按《现金管理暂行条例》的规定用途支出；③ 库存现金余额是否超过银行所规定的库存现金限额；④ 有无白条抵库的情况；⑤ 有无违反单位其他现金管理制度的情况。

（三）库存现金清查的方法

库存现金清查的基本方法是实地盘点法，即出纳人员在专门清查人员的监督下清点保险柜内的现金（借条、收据等单据都不得抵充现金数），以确定库存现金的实有数。然后将现金的实有数与"现金日记账"的账面结存余额相核对，以查明账实是否相符以及有无违反《现金管理暂行条例》规定的各种情况。现金清查后，需填制"现金盘点表"，该表是对现金进行账项调整和对比分析的原始凭证，应由清查人员、出纳人员签名或盖章，并由会计机构负责人（会计主管人员）审核后签名或盖章。"现金盘点表"一般一式两联：一联为"报账联"，作为调整现金账的依据；另一联为"批复联"，作为处理现金盘盈盘亏的依据。

（四）库存现金清查的账务处理

对于现金的盘盈与盘亏，在查明原因前，根据"现金盘点表"报账联通过"待处理财产损溢——待处理流动资产损溢"账户核算，并根据不同情况予以转销。

对于发生的现金盘盈，应区别下列情况分别处理：

（1）属于多收或少找给有关人员或单位的现金，借记"待处理财产损溢——待处理流动资产损溢"账户，贷记"其他应收款——应付现金溢余"（某个人或单位）账户。

（2）属于无法查明原因的现金溢余，经批准后，借记"待处理财产损溢——待处理流动资产损溢"账户，贷记"营业外收入——现金溢余"账户。

对于发生的现金盘亏，应区别下列情况分别处理：

（1）属于少收或多找给有关人员或单位的现金，借记"其他应收款——应收现金短缺款"（某个人）或"库存现金"等账户，贷记"待处理财产损溢——待处理流动资产损溢"账户。

（2）属于由保险公司赔偿的部分，借记"其他应收款——某保险公司"账户，贷记"待处理财产损溢——待处理流动资产损溢"账户。

（3）属于无法查明的其他原因，根据管理权限，经批准后，借记"管理费用——现金短缺"账户，贷记"待处理财产损溢——待处理流动资产损溢"账户。

四、银行存款清查

银行存款的清查通常采用与开户银行核对账目的方法，即企业每月须将企业"银行存款日记账"与"银行对账单"逐笔、逐项进行核对并确定是否存在错弊。

（一）银行存款日记账

银行存款日记账是企业开设、由出纳人员逐日逐笔登记银行存款增减变动及其结余情况的特种日记账。

（二）银行对账单

银行对账单是指由企业开户银行所记录的、反映该银行存款存入和使用情况的记录单。一般情况下，银行每月都应向企业提供所开立账户的"银行对账单"，以便双方核对银行存款账目。

（三）银行存款清查的一般程序

1. 核对"银行存款日记账"与"银行对账单"

核对"银行存款日记账"与"银行对账单"时，首先应该核对两者的余额。如果两者的余额相符，一般表明双方账簿记录正确；如两者余额不符，则存在两种可能：一种为企业或银行至少有一方存在记账错误，另一种为双方在记账中存在未达账项。

2. 查找未达账项

未达账项是指在企业和银行之间，收付款结算凭证的传递、接受时间上的不一致，导致了一方已经入账、另一方因没有接到凭证尚未入账的事项。

（1）未达账项的分类

具体地说，未达账项有以下 4 种情况：

① 企业已收，银行未收，即企业已经收款入账而银行未作收款入账的事项，如企业送存收到的转账支票，而银行尚未入账。

② 企业已付，银行未付，即企业已经付款入账而银行未作付款入账的事项，如企业开出转账支票并已入账，而持票人尚未到银行办理转账业务。

③ 银行已收，企业未收，即银行已经收款入账而企业未作收款入账的事项，如采用委托收款方式进行结算时，银行已代企业划收货款，但企业因尚未收到"收账通知"而没有入账。

④ 银行已付，企业未付，即银行已经付款入账而企业未作付款入账的事项，如银行受企业委托代企业按期支付的水电费、通信费等，企业因没有收到"付款通知"而没有入账。

（2）查找未达账项的方法

① 查找"企业已收，银行未收"或"银行已收，企业未收"的未达款项。

② 查找"企业已付，银行未付"或"银行已付，企业未付"的未达款项。

3．编制银行存款余额调节表

未达账项的存在必然会导致"银行存款日记账"和"银行对账单"余额不符。银行存款日记账余额、银行对账单余额和未达款项之间的关系用公式表示为：

企业银行存款日记账余额＋银行已收企业未收款项－银行已付企业未付款项

＝银行对账单余额＋企业已收银行未收款项－企业已付银行未付款项

银行存款余额调节表是企业对账的工具，而不是原始凭证，各单位不能根据银行存款余额调节表中所列示的"未达款项"调整企业账簿记录。

五、往来款项清查

（一）往来款项的概念

往来款项清查是指对有关应收账款、应付账款、预收账款以及预付账款等进行的清查。

（二）往来款项清查的方法

往来款项的清查一般采用发函询证的方法进行核对。具体如下：

（1）根据债权、债务有关账户记录，按照每一个款项往来单位填制往来款项询证函，寄往各有关单位，请对方进行核对。

（2）收到对方单位的回单后，根据回单内容编制往来款项清查结果报告表。

（三）往来款项清查的一般程序

往来款项清查的一般程序有：① 结出往来明细账余额表；② 编制往来款项对账单；③ 编制往来款项清查结果报告表。

第二部分　职业能力训练

一、单选题

1．实地盘存制与永续盘存制的主要区别是（　　）。

　　A．盘点的方法不同　　　　　　B．盘点的目标不同

C．盘点的工具不同　　　　　　D．盘亏结果的处理不同

2．对于现金的清查，应将其结果及时填列（　　）。

　　A．盘存单　　　　　　　　　　B．实存账存对比表

　　C．现金盘点报告单　　　　　　D．对账单

3．对于大量成堆难以清点的财产物资，应采用的清查方法是（　　）。

　　A．实地盘点法　　B．抽样盘点法　　C．查询核对法　　D．技术推算法

4．企业对于无法收回的应收账款应借记的会计科目是（　　）。

　　A．财务费用　　　B．管理费用　　　C．营业外支出　　D．待处理财产损溢

5．采用实地盘存制，平时账簿记录中不能反映（　　）。

　　A．财产物资的购进业务　　　　B．财产物资的减少数额

　　C．财产物资的增加和减少数额　D．财产物资的盘盈数额

6．核销存货的盘盈时，应贷记的会计科目是（　　）。

　　A．管理费用　　　B．营业外收入　　C．其他业务收入　　D．待处理财产损溢

7．对银行存款进行清查时，应将（　　）与银行对账单逐笔核对。

　　A．银行存款总账　　　　　　　B．银行存款日记账

　　C．银行支票备查簿　　　　　　D．库存现金日记账

8．库存现金清查中对无法查明原因的长款，经批准应计入（　　）。

　　A．其他应收款　　B．其他应付款　　C．营业外收入　　D．管理费用

9．中旭公司2012年6月30日银行存款日记账的余额为100万元，经逐笔核对，未达账项如下：银行已收，企业未收的2万元；银行已付，企业未付的1.5万元。调整后的企业银行存款余额应为（　　）万元。

　　A．100　　　　　　B．102　　　　　　C．100.5　　　　　D．103.5

10．"待处理财产损溢"账户未转销的借方余额表示（　　）。

　　A．等待处理的财产盘盈

　　B．等待处理的财产盘亏

　　C．尚待批准处理的财产盘盈数大于尚待批准处理的财产盘亏和毁损数的差额

　　D．尚待批准处理的财产盘盈数小于尚待批准处理的财产盘亏和毁损数的差额

二、多选题

1．使企业银行存款日记账余额大于银行对账单余额的未达账项是（　　）。

　　A．企业先收款记账而银行未收款记账的款项

　　B．银行先收款记账而企业未收款记账的款项

　　C．企业和银行同时收款的款项

　　D．银行先付款记账而企业未付款记账的款项

2. 企业进行全部清查主要发生的情况有（　　）。

　　A. 年终结算后　　B. 清产核资时　　C. 关停并转时　　D. 单位主要负责人调离时

3. "银行存款余额调节表"是（　　）。

　　A. 原始凭证

　　B. 盘存表的表现形式

　　C. 只起到对账作用

　　D. 银行存款清查的方法

4. 采用实地盘点法进行清查的项目有（　　）。

　　A. 固定资产　　B. 库存商品　　C. 银行存款　　D. 现金

5. 进行不定期清查的情况有（　　）。

　　A. 更换财产和现金保管人员时

　　B. 发生自然灾害和意外损失时

　　C. 会计主体发生改变或隶属关系变动时

　　D. 财税部门对本单位进行会计检查时

6. 下列可用做原始凭证，调整账簿记录的有（　　）。

　　A. 账存实存对比表

　　B. 未达账项登记表

　　C. 现金盘点报告表

　　D. 结算款项核对登记表

7. 导致企业账银行存款的余额与银行账企业存款的余额在同一日期不一致的情况有（　　）。

　　A. 银行已记作企业的存款增加，而企业尚未接到收款通知，尚未记账的款项

　　B. 银行已记作企业的存款减少，而企业尚未接到付款通知，尚未记账的款项

　　C. 企业已记作银行存款增加，而银行尚未办妥入账手续的款项

　　D. 企业已记作银行存款减少，而银行尚未支付入账的款项

8. 出纳人员每天工作结束前都要将库存现金日记账结清并与库存现金实存数核对，这属于（　　）。

　　A. 定期清查　　B. 不定期清查　　C. 全面清查　　D. 局部清查

9. 下列业务中需要通过"待处理财产损溢"账户核算的有（　　）。

　　A. 库存现金丢失

　　B. 原材料盘亏

　　C. 发现账外固定资产

　　D. 应收账款无法收回

10. 下列记录中可以作为调整账面数字的原始凭证有（　　）。

　　A. 盘存单

　　B. 实存账存对比表

　　C. 银行存款余额调节表

　　D. 库存现金盘点报告表

三、判断题

1. 技术推算法是按照一定标准推算出实物资产实有数的一种方法。（　　）

2. "盘存单"需经盘点人员和实物保管人员共同签章方能有效。（　　）

3．企业对于与外部单位往来款项的清查，一般采取编制对账单寄交给对方单位的方式进行，因此属于账账核对。 （ ）

4．企业的银行存款日记账与银行对账单所记的内容是相同的，都是反映企业的银行存款的增减变动情况。 （ ）

5．盘点实物时，发现账面数大于实存数，即为盘盈。 （ ）

6．抽样盘点法适用于不便于称量的大堆、笨重、单位价值较低但存放有一定规则的财产物资。 （ ）

7．从财产清查的对象和范围看全面清查只有在年终进行。 （ ）

8．银行存款回记账是由银行开设的。 （ ）

9．在进行库存现金和存货清查时，出纳人员和实物保管人员不得在场。 （ ）

10．银行已经付款记账而企业尚未付款记账，会使企业银行存款日记账账面余额大于银行对账单的账面余额。 （ ）

四、计算分析题

中旭公司2012年7月1日甲材料期初库存700公斤，单价20元。本期发生下列材料的收发业务：

1．3日，购入甲材料2 000公斤，单价20元；

2．5日，购入甲材料4 000公斤，单价20元；

3．6日，生产领用甲材料5 000公斤，单价20元；

4．10日，生产领用甲材料1 000公斤，单价20元；

5．18日，购入甲材料500公斤，单价20元；

6．22日，生产领用甲材料600公斤，单价20元；

7．30日，实地盘点甲材料库存550公斤，单价20元。

要求：

1．在永续盘存制下，根据上述资料计算甲材料的本期减少数、期末账面结存数和确定期末账实差异数；

2．在实地盘存制下，根据上述资料计算甲材料的本期减少数和账面结存数。

第三部分　项目实训

实训一

【实训目的】

掌握银行存款对账方法。

【实训资料】

中旭公司 2012 年 5 月 31 日银行存款的账面余额为 535 000 元,开户银行送来对账单,其银行存款余额为 508 000 元。经查对, 发现有以下几笔未达账项:

1. 5 月 30 日,委托银行收款 50 000 元, 银行已收入公司银行存款账户,收款通知尚未送达。

2. 5 月 30 日,公司开出一张 1 600 元的现金支票,公司已减少银行存款,银行尚未记账。

3. 5 月 31 日,银行为公司支付电费 1 000 元, 银行已入账,减少公司存款,公司尚未记账。

4. 5 月 31 日,公司收到外单位一张 64 000 元的转账支票,公司已收账,银行尚未记账。

【实训要求】

根据上述未达账项编制银行存款余额调节表,确立公司月末实际可用的银行存款余额。假如银行对账单所列公司存款无误,未达账项也由双方查明无误,在编制调节表时所发现的错误数额是多少? 公司银行存款的账面余额应是多少?

实训二

【实训目的】

掌握财产清查结果的会计处理。

【实训资料】

中旭公司 2012 年年终进行财产清查时, 发现下列事项:

1. 发现账外机器一台, 估计重置价 10 000 元,现值 6 000 元。

2. 甲材料账面余额 455 千克,单价 42 元。盘点实际存量为 450 千克,经查明, 其中 3 千克为定额损耗,2 千克为日常收发计量差错。

3. 乙材料账面余额为 166 千克,单价 32 元,盘点实际存量为 161 千克,缺少数为保管人员张庆明失职造成的损失。

4．丙材料盘盈 25 千克，单价 30 元，经查明，其中 20 千克为代天天公司加工剩余材料，该公司尚未收回剩余材料，其余属于日常收发计量差错。

5．经检查，其他应收款项目有飞运公司欠款 250 元，属于委托该公司运输材料，由于装卸工人疏忽而造成的损失。已确定由该公司赔偿，但该公司已撤销，无法收回。

上述各项盘盈、盘亏和损失，经查原因属实，报请公司领导审核批准，做如下处理：

1．账外机器尚可使用，交车间投入生产，做增加营业外收入处理。

2．材料定额内损耗及材料收发计量错误，均列入管理费用处理。

3．保管人员失职造成材料短缺损失，责成过失人赔偿。

4．无法收回的应收款项，做坏账损失处理。

【实训要求】

1．将上述清查结果，编制审批前的会计分录。

2．根据报请批准处理的结果，编制会计分录。

3．列示"待处理财产损溢"账户的具体内容。

第四部分　案例分析与讨论

中旭公司是一家经营器械销售的企业，在 2012 年 11 月 30 日将银行存款日记账与银行对账单进行了核对，发现有一笔 10 万元的账款对不上，经过多方查找发现了一张银行收款的通知单被重复记账，马上进行了更正。12 月 29 日公司收到了银行对账单，经过编制银行存款余额调节表后发现 3 笔未达账项，财务部根据银行对账单进行记账更正。请问财务部的处理是否正确？为什么？

第五部分　职业能力拓展训练

1．财产清查的意义是什么？

2．在实际工作中，造成各项财产物资账实不符的情况主要有哪些？

第六部分　考核评价表

项目序号	过程考核（30%）										结果考核（70%）						总分
	考核人	方案设计	过程实施	团队合作	资源利用	职业态度	组织纪律	小计	折合分值	合计	考核人	职业能力训练	项目实训	职业能力拓展训练	案例分析与讨论	合计	
项目8	教师（70%）										教师						
	小组（30%）																
	教师评价										自我评价						

考核评价时间：　　　　　　　　　　　　　　　　　　　　教师签字：

项目九 编制和报送会计报表

第一部分 知识要点

一、会计报表的概念、分类

（一）会计报表的概念

会计报表是对企业财务状况、经营成果和现金流量的结构性表述，通常包括资产负债表、利润表、现金流量表、所有者权益（或股东权益）变动表和附注。

（二）会计报表的分类

按照反映的经济业务内容的不同，可以分为静态报表和动态报表。静态报表是指反映企业一定时点上有关资产、负债和所有者权益情况的报表，如资产负债表，所有者权益变动表；动态报表是指反映企业一定时期内资金的耗费和收回情况，以及经营成果的会计报表，如利润表、现金流量表。

按照编报期间的不同，可以分为中期报表和年度报表。中期报表是指以短于一个完整的会计年度的报告期为基础编制的会计报表，包括月报、季报和半年报；年度报表是指以一个完整的会计年度的报告期为基础编制的会计报表。

按照编制主体的不同，可以分为个别报告和合并报表。个别报表是指由企业在自身会计核算的基础上对账簿进行加工而编制的，反映企业自身财务状况、经营成果和现金流量情况的会计报表；合并报表是指反映母公司和其全部子公司形成的企业集团整体财务状态、经营成果和现金流量的财务报表。

二、资产负债表的概念、格式、编制方法

（一）资产负债表的概念

资产负债表是指反映企业某一特定时点（如月末、季末、年末等）财务状况的会计报

表。它是根据资产、负债和所有者权益之间的关系（即会计等式），按照一定的分类标准和顺序，对企业某一日期的资产、负债和所有者权益项目进行适当排列，并对日常工作中形成的大量数据进行高度浓缩和整理后编制而成的。

（二）资产负债表的格式

资产负债表一般有表首和正表两个部分。表首概括地说明报表名称、编制单位、编制日期、报表编号、货币名称、计量单位等；正表清晰地列示用以说明企业财务状况的各个项目，其列示格式分为报告式和账户式两种。根据我国《企业会计准则》规定，资产负债表采用账户式。

（三）资产负债表的编制方法

资产负债表中的各项目均需要分别填列"年初余额"和"期末余额"。

"年初余额"栏内的各项数字应根据上年年末资产负债表"期末余额"栏内所列数字填列。如果上年度资产负债表规定的各个项目的名称和内容与本年度不一致，则应按照本年度的规定对上年年末资产负债表各项目的名称和数字进行调整，然后填入"年初余额"栏内，并在附注中披露调整的原因和性质，以及调整的各项目金额。

资产负债表"期末余额"栏内的各项目数字的取得方式包括：

（1）根据总账账户期末余额直接填列。

（2）根据总账账户期末余额计算填列。

（3）根据明细账户期末余额计算填列。

（4）根据总账账户和明细账户的期末余额计算填列。

（5）根据总账账户期末余额减去备抵账户余额后的净额填列。

三、利润表的概念、格式、编制方法

（一）利润表的概念

利润表是指反映企业在某一会计期间经营成果的会计报表。它是根据"收入－费用＝利润"这一会计等式，对企业一定会计期间的收入、费用和利润（或亏损）项目进行分类、汇总、排列后编制而成，用以计算企业一定时期的净利润（或净亏损）。

（二）利润表的格式

利润表一般有表首和正表两个部分。其中，表首概括地说明报表名称、编制单位、编制日期、报表编号、货币名称、计量单位等；正表反映形成经营成果的各个项目和计算过程。利润表正表的格式一般分为单步式和多步式两种。根据我国《企业会计准则》规定，利润表采用多步式。

（三）利润表的编制方法

利润表各项目需要分为"上期金额"和"本期金额"两栏分别填列。

利润表中"上期金额"栏内的数字，应根据上年同期利润表的"本期金额"栏内所列的数字填列。如果上年度利润表的项目名称和内容与本年度利润表不一致，则应对上年度利润表各项目的名称和数字按照本年度的规定进行调整，再填入利润表的"上期金额"栏。

利润表中"本期金额"栏内的数字，应按照相关账户的本期累计发生额填列。具体方法有以下几种：

（1）根据有关账户的发生额直接填列。

（2）根据有关账户的发生额分析计算填列。

（3）根据公式计算填列。

"营业利润""利润总额""净利润"项目的公式分别如下：

$$营业利润＝营业收入－营业成本－营业税金及附加－销售费用－管理费用－财务费用$$
$$－资产减值损失＋公允价值变动收益＋投资收益$$

$$利润总额＝营业利润＋营业外收入－营业外支出$$

$$净利润＝利润总额－所得税费用$$

四、报送会计报表

（一）会计报表报送的相关规定

1. 关于会计报表币种的规定

根据《会计法》第12条规定，业务收支以人民币以外的货币为主的单位，可以选定其中一种货币作为记账本位币，但是编报的会计报表应当折算为人民币。根据《会计基础工作规范》第40条规定，境外单位向国内有关部门编报的会计报表，应当折算为人民币反映。

2. 关于会计报表编制依据的规定

根据《会计法》第20条规定，会计报表应当根据经过审核的会计账簿记录和有关资料编制，并符合《会计法》和国家统一的会计制度关于会计报表的编制要求、提供对象和提供期限的规定；其他法律、行政法规另有规定的，从其规定。向不同的会计信息使用者提供的会计报表，其编制依据应当一致。

3. 关于会计报表格式的规定

根据《会计基础工作规范》第 66 条和第 70 条规定，各单位对外报送的会计报表应当根据国家统一会计制度规定的格式和要求编制。

4. 关于会计报表报送期限的规定

根据《纳税人财务会计报表报送管理办法》第 9 条和第 30 条规定，纳税人财务会计报表的报送期限为：按季度报送的在季度终了后 15 日内报送；按年度报送的内资企业在年度终了后 45 日内报送，外商投资企业和外国企业在年度终了后 4 个月内报送。

5. 关于会计报表审计的规定

根据《会计法》第 20 条规定，有关法律、行政法规规定会计报表和会计报表附注等须经注册会计师审计的，应当将注册会计师及其所在的会计师事务所出具的审计报告随同会计报表一并提供。

6. 关于会计报表更正的规定

根据《会计基础工作规范》第 72 条规定，如果发现对外报送的会计报表有错误，应当及时办理更正手续。除更正本单位留存的会计报表外，并应同时通知接受会计报表的单位更正。错误较多的，应当重新编报。

（二）报送会计报表的部门

各单位应当报送会计报表的部门与各单位的隶属关系、经济管理及经济监督的需要有关。

（三）报送会计报表的准备工作

在会计报表编制完成后、报送前，单位会计主管人员和单位负责人必须对会计报表进行复核。经审查无误后，即可对会计报表依次编订页数、加具封面、装订成册并加盖公章。

（四）未按规定报送会计报表的法律责任

1. 会计报表依据不一致的法律责任

根据《会计法》第 42 条规定，向不同的会计信息使用者提供的会计报表依据不一致的，由县级以上人民政府财政部门责令限期改正，可以对单位并处 3 000 元以上 5 万元以下的罚款；对其直接负责的主管人员和其他直接责任人员，可以处 2 000 元以上 2 万元以下的罚款；属于国家工作人员的，还应当由其所在单位或者有关单位依法给予行政处分。构成犯罪的，依法追究刑事责任。

2. 编制虚假会计报表的法律责任

根据《会计法》第 43 条规定，伪造、变造会计凭证、会计账簿，编制虚假会计报表，构成犯罪的，依法追究刑事责任。尚不构成犯罪的，由县级以上人民政府财政部门予以通报，可以对单位并处 5 000 元以上 10 万元以下的罚款；对其直接负责的主管人员和其他直接责任人员，可以处 3 000 元以上 5 万元以下的罚款；属于国家工作人员的，还应当由其所在的单位或者有关单位依法给予撤职直至开除的行政处分；对其中的会计人员，由县级以上人民政府财政部门吊销其会计从业资格证书。

根据《会计法》第 45 条规定，授意、指使、强令会计机构、会计人员及其他人员伪造、变造会计凭证、会计账簿，编制虚假会计报表，构成犯罪的，依法追究刑事责任；尚不构成犯罪的，可以处 5 000 元以上 5 万元以下的罚款；属于国家工作人员的，还应当由其所在单位或者有关单位依法给予降级、撤职、开除的行政处分。

3. 隐匿或者故意销毁应当保存的会计报表的法律责任

根据《会计法》第 44 条规定，隐匿或者故意销毁依法应当保存的会计凭证、会计账簿、会计报表，构成犯罪的，依法追究刑事责任。尚不构成犯罪的，由县级以上人民政府财政部门予以通报，可以对单位并处 5 000 元以上 10 万元以下的罚款；对其直接负责的主管人员和其他直接责任人，可以处 3 000 元以上 5 万元以下的罚款；属于国家工作人员的，还应当由其所在单位或者有关单位依法给予撤职直至开除的行政处分；对其中的会计人员，由县级以上人民政府财政部门吊销其会计从业资格证书。

4. 不按规定向税务机关报送会计报表的法律责任

根据《税收征收管理法》第 25 条和第 62 条规定，纳税人必须依照法律、行政法规规定或者税务机关依照法律、行政法规的规定确定的申报期限、申报内容如实办理纳税申报，报送纳税申报表、财务会计报表以及税务机关根据实际需要要求纳税人报送的其他纳税资料。扣缴义务人必须依照法律法规或者税务机关的规定如实报送代扣代缴、代收代缴税款报告表以及税务机关根据实际需要要求扣缴义务人报送的其他有关资料。纳税人未按照规定的期限办理纳税申报和报送纳税资料的，或者扣缴义务人未按照规定的期限向税务机关报送代扣代缴、代收代缴税款报告表和有关资料的，由税务机关责令限期改正，可以处 2 000 元以下的罚款；情节严重的，可以处 2 000 元以上 1 万元以下的罚款。

第二部分　职业能力训练

一、单选题

1. 在资产负债表中，资产是按照（　　）排列的。

　　A. 清偿时间的先后顺序　　　　　　　B. 流动性大小

　　C. 金额大小　　　　　　　　　　　　D. 会计人员的填写习惯

2. 下列报表中，不属于企业对外提供的动态报表的是（　　）。

    A．资产负债表　　B．利润表　　　　C．现金流量表　　D．所有者权益变动表

3. 多步式利润表中的利润总额是以（　　）为基础来计算的。

    A．营业收入　　　B．营业利润　　　C．投资收益　　　D．营业成本

4. 按照我国的会计准则，资产负债表采用的格式为（　　）。

    A．单步报告式　　B．多步报告式　　C．混合式　　　　D．账户式

5. 企业财务会计报告所提供的信息资料应具有时效性，这是指编制财务会计报告应符合（　　）的要求。

    A．真实可靠　　　B．相关可比　　　C．编报及时　　　D．全面完整

6. 关于企业利润构成，下列表述不正确的是（　　）。

    A．净利润＝利润总额－所得税费用

    B．营业成本＝主营业务成本＋其他业务成本

    C．利润总额＝营业利润＋营业外收入－营业外支出

    D．企业的利润总额由营业利润、投资收益和营业外收入三部分组成

7. 某企业本月主营业务收入为 1 000 000 元，其他业务收入为 80 000 元，营业外收入为 90 000 元，主营业务成本为 760 000 元，其他业务成本为 50 000 元，营业税金及附加为 30 000 元，营业外支出为 75 000 元，管理费用为 40 000 元，销售费用为 30 000 元，财务费用为 15 000 元，所得税费用为 75 000 元。则该企业本月营业利润为（　　）元。

    A．80 000　　　　B．25 000　　　　C．155 000　　　D．170 000

8. 某企业"应付账款"明细账期末余额情况如下：应付甲企业贷方余额为 200 000 元，应付乙企业借方余额为 180 000 元，应付丙企业贷方余额为 300 000 元，假如该企业"预付账款"明细账均为借方余额，则根据以上数据计算的反映在资产负债表上"应付账款"项目的金额为（　　）元。

    A．80 000　　　　B．320 000　　　C．500 000　　　D．680 000

9. 下列会计报表中，反映企业在某一特定日期财务状况的是（　　）。

    A．利润表　　　　B．资产负债表　　C．利润分配表　　D．现金流量表

10. 最关心企业的偿债能力和支付利息能力的会计报表使用者是（　　）。

    A．债权人　　　　B．投资者　　　　C．政府机构　　　D．企业职工

二、多选题

1. 下列各项中，属于中期财务会计报告的有（　　）。

    A．月度财务会计报告　　　　　　B．季度财务会计报告

    C．半年度财务会计报告　　　　　D．年度财务会计报告

2. 按照《企业会计制度》的规定，月份终了需编制和报送的会计报表有（　　）。

　　A. 利润表　　　　B. 资产负债表　　C. 利润分配表　　D. 现金流量表

3. 下列账户中，可能影响资产负债表中"预付款项"项目金额的有（　　）。

　　A. 预收账款　　　B. 应收账款　　　C. 应付账款　　　D. 预付账款

4. 下列各项中，影响营业利润的账户有（　　）。

　　A. 其他业务成本 B. 营业外支出　C. 主营业务收入 D. 营业税金及附加

5. 借助于利润表提供的信息，可以帮助管理者（　　）。

　　A. 分析企业的获利能力　　　　　B. 分析企业的债务偿还能力

　　C. 分析企业资产的结构及其状况　D. 分析企业利润的未来发展趋势

6. 资产负债表中的应付账款项目应根据（　　）两者合计填列。

　　A. 应付账款总账余额

　　B. 应付账款所属明细账贷方余额合计

　　C. 预付账款所属明细账贷方余额合计

　　D. 应付账款所属明细账借方余额合计

7. 资产负债表中的"货币资金"项目，应根据（　　）科目期末余额的合计数填列。

　　A. 备用金　　　　B. 银行存款　　　C. 库存现金　　　D. 其他货币资金

8. 下列各项中，属于资产负债表中流动负债项目的有（　　）。

　　A. 应付利息　　　B. 应付股利　　　C. 预付账款　　　D. 其他应付款

9. 下列各项中，属于利润表提供的信息有（　　）。

　　A. 本期的所得税费用　　　　　B. 本期实现的营业收入

　　C. 本期实现的营业利润　　　　D. 企业本期的净利润或亏损总额

10. 下列各项，影响企业利润总额的有（　　）。

　　A. 营业外支出　　B. 所得税费用　　C. 资产减值损失 D. 公允价值变动损益

三、判断题

1. 资产负债表中资产类项目金额总计与负债类和所有者权益类项目金额总计必须相等，各项资产与负债的金额一般不应相互抵销。　　　　　　　　　　　　　（　　）

2. 利润表中"本期数"栏的数字，应根据各损益类账户本期发生额填列。　（　　）

3. 利润总额是指收入加上投资收益、营业外收入，减去营业外支出后的总金额。（　　）

4. 利润表是反映企业一定日期财务状况的财务报表。　　　　　　　　　　（　　）

5. 营业利润是以主营业务利润为基础，加上其他业务利润，减去销售费用、管理费用和财务费用，再加上营业外收入减去营业外支出计算出来的。　　　　　　　（　　）

6. 账户式资产负债表分左右两方，左方为资产项目，一般按照流动性大小排列；右方为负债及所有者权益项目，一般按要求偿还时间的先后顺序排列。　　　　　（　　）

7. 利润表中收入类项目大多是根据收入类账户期末结转前借方发生额减去贷方发生额后的差额填列，若差额为负数，以"－"号填列。（　　）

8. 我国《企业会计制度》规定的会计报表主要是对外提供的，因此与企业的职工关系不大。（　　）

9. 会计报表附注是对会计报表的编制基础、编制依据、编制原则和方法及主要项目所做的解释，以便于会计报表使用者理解会计报表的内容。（　　）

10. 会计报表应当根据经过审核的会计账簿记录和有关资料编制。（　　）

四、计算分析题

1. 华通公司 2012 年 10 月 31 日各账户余额如下表所示：

账户名称	借或贷	金额（元）
库存现金	借	2 000
银行存款	借	200 000
原材料	借	20 000
在途物资	借	13 000
应收账款——腾达公司	借	4 000
应收账款——玉华公司	借	8 000
库存商品	借	50 000
固定资产	借	110 000
应付账款——飞信公司	贷	7 000
应付账款——华安公司	贷	11 000
短期借款	贷	100 000
利润分配	借	350 000
本年利润	贷	385 000
累计折旧	贷	21 000

要求：计算资产负债表中下列各项目金额：

（1）货币资金项目＝

（2）存货项目＝

（3）应收账款＝

（4）固定资产项目＝

（5）应付账款项目＝

（6）未分配利润项目＝

2. 2012 年 11 月，华通公司损益类账户结转本年利润前的发生额分别为："主营业务收入"账户贷方发生额为 371 000 元，"主营业务成本"账户借方发生额为 210 000 元，"其他业务收入"账户贷方发生额为 50 000 元，"其他业务成本"账户借方发生额为 20 000 元，"营业税金及附加"账户借方发生额为 5 600 元，"销售费用"账户借方发生额为 5 000 元，"管理费用"账户借方发生额为 4 000 元，"财务费用"账户借方发生额为 6 000 元，"投资收益"账户借方发生额为 40 000 元，"营业外收入"账户贷方发生额为 54 000 元，"营业外支出"账户借方发生额 42 000 元，"所得税费用"账户发生额为 35 600 元。

要求：计算华通公司 2012 年 11 月利润表中的下列各项目金额：

（1）营业利润项目＝

（2）利润总额项目＝

（3）净利润项目＝

第三部分　项目实训

实训一

【实训目的】

练习编制资产负债表。

【实训资料】

华通公司 2012 年 8 月底各账户余额如下：

账户名称	借方余额（元）	账户名称	贷方余额（元）
库存现金	1 350	短期借款	41 000
银行存款	76 700	应付账款	4 050
应收账款	7 000	其他应付款	8 700
其他应收款	750	应付职工薪酬	12 100
原材料	349 800	应交税费	39 670
生产成本	36 000	累计折旧	230 500
库存商品	57 900	本年利润	158 765
固定资产	628 500	实收资本	721 000
利润分配	95 785	盈余公积	38 000
合计	1 253 785	合计	1 253 785

【实训要求】

根据上述资料编制华通公司 2012 年 8 月的资产负债表。

资产负债表

会企 01 表

编制单位：_____   ____年__月__日   单位：元

资产	期末余额	年初余额	负债和所有者权益	期末余额	年初余额
流动资产：			流动负债：		
货币资金			短期借款		
交易性金融资产			交易性金融负债		
应收票据			应付票据		
应收账款			应付账款		
预付款项			预收款项		
应收利息			应付职工薪酬		
应收股利			应交税费		
其他应收款			应付利息		
存货			应付股利		
一年内到期的非流动资产			其他应付款		
其他流动资产			一年内到期的非流动负债		
流动资产合计			其他流动负债		
非流动资产：			流动负债合计		
可供出售金融资产			非流动负债：		
持有至到期投资			长期借款		
长期应收款			应付债券		
长期股权投资			长期应付款		
投资性房地产			专项应付款		
固定资产			预计负债		
在建工程			递延所得税负债		
工程物资			其他非流动负债		
固定资产清理			非流动负债合计		
生产性生物资产			负债合计		
油气资产			所有者权益：		
无形资产			实收资本（或股本）		
开发支出			资本公积		
商誉			减：库存股		
长期待摊费用			盈余公积		
递延所得税资产			未分配利润		
其他非流动资产			所有者权益合计		
非流动资产合计					
资产总计			负债和所有者权益总计		

实训二

【实训目的】

练习编制利润表。

【实训资料】

华通公司 2012 年 8 月的各损益类账户发生额如下表所示：

华通公司 2012 年 8 月有关账户的累计发生额

单位：元

账户名称	借方累计发生额	贷方累计发生额
主营业务收入		1 144 900
其他业务收入		35 000
主营业务成本	944 280	
其他业务成本	31 500	
营业税金及附加	64 320	
销售费用	14 600	
管理费用	20 800	
财务费用	6 200	
营业外收入		800
营业外支出	5 000	
所得税费用		

【实训要求】

根据上述资料编制华通公司 2012 年 8 月的利润表。

利润表

编制单位：　　　　　　　　　___年___月　　　　　　会企 02 表
单位：元

项目	本期金额	上期金额
一、营业收入		
减：营业成本		
营业税金及附加		
销售费用		
管理费用		
财务费用		
资产减值损失		
加：公允价值变动收益（损失以"－"号填列）		
投资收益（损失以"－"号填列）		
其中：对联营企业和合营企业的投资收益		

续表

项目	本期金额	上期金额
二、营业利润（亏损以"—"号填列）		
加：营业外收入		
减：营业外支出		
其中：非流动资产处置损失		
三、利润总额（亏损以"—"号填列）		
减：所得税费用		
四、净利润（亏损以"—"号填列）		
五、每股收益		
（一）基本每股收益		
（二）稀释每股收益		

第四部分　案例分析与讨论

华通公司 2012 年 12 月 31 日各账户余额如下表所示：

账户名称	借方余额（元）	账户名称	贷方余额（元）
库存现金	1 200	短期借款	720 000
银行存款	246 200	应付账款	306 300
其他货币资金	6 000	其他应付款	27 200
应收票据	42 000	应付职工薪酬	55 620
应收账款	360 000	应交税费	121 710
预付账款	33 400	累计折旧	90 000
其他应收款	9 640	应付股利	102 290
原材料	70 000	长期借款	108 000
库存商品	2 217 860	实收资本	2 160 000
长期投资	225 000	资本公积	27 660
固定资产	764 000	盈余公积	247 200
		未分配利润	9 320
合计	3 975 300	合计	3 975 300

该公司 2012 年 1—12 月各损益账户发生额如下表所示：

华通公司 2012 年 1—12 月有关账户的累计发生额

单位：元

账户名称	1—11 月发生额	12 月发生额
主营业务收入	17 659 800	1 962 200
其他业务收入	351 000	39 000
主营业务成本	15 755 400	1 750 600
其他业务成本	225 000	25 000
营业税金及附加	184 140	20 460
投资收益	27 000	3 000
销售费用	347 580	38 620
管理费用	210 600	22 400
财务费用	75 060	8 340
营业外收入	41 760	4 640
营业外支出	37 980	4 220

要求：

1. 编制 2012 年 12 月 31 日的资产负债表。

2. 计算年度利润总额、应交所得税额（所得税税率为 25%）及利润净额。

3. 编制年度利润表。

第五部分　职业能力拓展训练

1. 为什么企业要进行财务状况分析？其分析的主要内容是什么？

2. 为什么要对财务会计报表进行分析？审核的主要内容是什么？

第六部分　考核评价表

项目序号	考核人	过程考核（30%）							合计	结果考核（70%）					合计	总分
		方案设计	过程实施	团队合作	资源利用	职业态度	组织纪律	小计	折合分值		考核人	职业能力训练	项目实训	职业能力拓展训练	案例分析与讨论		
项目9	教师（70%）										教师						
	小组（30%）																
	教师评价										自我评价						

考核评价时间：　　　　　　　　　　　　　　　　　　教师签字：

项目十 选择和应用账务处理程序

第一部分 知识要点

一、账务处理程序概述

（一）会计循环的概念

会计循环是指一个会计主体在一定的会计期间内，从经济业务发生、取得或填制会计凭证起，到登记账簿、编制会计报表止的一系列处理程序。

（二）账务处理程序的概念

账务处理程序也称会计核算组织程序，是指在会计循环中，会计主体采用不同种类和格式的会计凭证、会计账簿和会计报表，记录和反映经济业务的步骤和方法。

（三）我国常用的账务处理程序

在我国，常用的账务处理程序主要有记账凭证账务处理程序、科目汇总表账务处理程序和汇总记账凭证账务处理程序。其中，记账凭证账务处理程序是最基本的一种。不同的账务处理程序有着不同的特点和适用范围，它们最根本的区别在于登记总账的依据和方法不同。

二、记账凭证账务处理程序

（一）记账凭证账务处理程序的概念

记账凭证账务处理程序是指经济业务发生以后，根据原始凭证或原始凭证汇总表所填制的记账凭证，逐笔地登记总分类账，并定期编制会计报表的一种账务处理程序。

与其他账务处理程序相比较，记账凭证账务处理程序的特点是直接根据各种记账凭证逐笔登记总分类账。

（二）记账凭证账务处理程序下凭证与账簿的设置

1. 记账凭证账务处理程序下凭证的设置

在记账凭证账务处理程序下，记账可以采用收款凭证、付款凭证和转账凭证等专用记账凭证，也可以采用通用记账凭证。

2. 记账凭证账务处理程序下账簿的设置

在记账凭证账务处理程序下，一般应设置库存现金日记账、银行存款日记账、明细分类账和总分类账。

（三）记账凭证账务处理程序的核算步骤、优缺点及适用范围

1. 记账凭证账务处理程序的核算步骤

（1）根据有关的原始凭证或原始凭证汇总表填制各种记账凭证。

（2）根据收款凭证和付款凭证，逐笔登记库存现金日记账和银行存款日记账。

（3）根据记账凭证并参考原始凭证或原始凭证汇总表，逐笔登记各种明细分类账。

（4）根据各种记账凭证逐笔登记总分类账。

（5）期末，将库存现金日记账、银行存款日记账及各种明细分类账的余额与总分类账中有关账户的余额进行核对。

（6）期末，根据核对无误的总分类账和明细分类账的有关资料编制会计报表。

2. 记账凭证账务处理程序的优缺点

记账凭证账务处理程序的优点如下：

（1）采用记账凭证可以编制出各项经济业务的完整会计分录，能够清晰地反映各账户之间的对应关系。

（2）账簿格式和账务处理程序简单明了，易于理解和运用。

（3）总分类账直接根据各种记账凭证逐笔登记，因而能够比较详细地反映经济业务的发生情况，便于了解经济业务动态和查对账目。

记账凭证账务处理程序的缺点如下：根据记账凭证逐笔登记总分类账，势必会增大登记总分类账的工作量，特别是在经济业务量较多的情况下。

3. 记账凭证账务处理程序的适用范围

记账凭证账务处理程序一般只适用于规模较小、经济业务简单且数量较少、需要编制记账凭证的数量不多的会计主体。

三、科目汇总表账务处理程序

（一）科目汇总表账务处理程序的概念

科目汇总表账务处理程序，又称记账凭证汇总表账务处理程序，是根据各种记账凭证按会计科目定期（或月末一次）编制科目汇总表，然后再根据科目汇总表登记总分类账，并定期编制会计报表的一种账务处理程序。其特点是：根据记账凭证定期编制科目汇总表，然后再根据科目汇总表登记总分类账。

（二）科目汇总表账务处理程序下凭证与账簿的设置

1. 科目汇总表账务处理程序下凭证的设置

在科目汇总表账务处理程序下，记账凭证可采用通用格式，也可采用收款凭证、付款凭证和转账凭证专用格式。但是，不管采用哪一种格式，都需要设置科目汇总表。

2. 科目汇总表账务处理程序下账簿的设置

在科目汇总表账务处理程序下，应当设置现金日记账、银行存款日记账、明细分类账和总分类账。日记账和总分类账可采用三栏式；明细分类账可根据需要采用三栏式、数量金额式和多栏式等。

（三）科目汇总表的概念及编制方法

1. 科目汇总表的概念

科目汇总表，又称记账凭证汇总表，是根据一定时期内的全部记账凭证，按相同的会计科目归类，汇总每一总账科目本期借方发生额和贷方发生额所编制的汇总表。

2. 科目汇总表的编制方法

科目汇总表的编制方法是：将一定时期内的全部记账凭证按照相同的科目归类，汇总计算出每一总账科目的本期借方发生额和贷方发生额合计数，填入表内，全部科目的借方发生额合计数应等于贷方发生额合计数。根据科目汇总表登记总分类账时，只需将该表中汇总起来的各科目的本期借、贷发生额的合计数分次或月末一次记入相应总分类账的借方或贷方即可。

（四）科目汇总表账务处理程序的核算步骤、优缺点及适用范围

1. 科目汇总表账务处理程序的核算步骤

（1）根据原始凭证编制汇总原始凭证。

（2）根据原始凭证或汇总原始凭证，填制记账凭证。

（3）根据收款凭证和付款凭证及所附原始凭证，逐笔登记现金日记账和银行存款日

记账。

（4）根据原始凭证、汇总原始凭证和记账凭证，登记各种明细分类账。

（5）根据记账凭证编制科目汇总表。

（6）根据科目汇总表登记总分类账。

（7）月末，现金日记账、银行存款日记账和各明细分类账的余额与有关总分类账的余额核对相符。

（8）月末，根据总分类账和明细分类账的有关资料，编制会计报表。

2．科目汇总表账务处理程序的优缺点

科目汇总表账务处理程序的优点主要表现在：

（1）简化了登记总分类账的工作量。

（2）在登记总分类账之前，通过编制科目汇总表，能起到试算平衡的作用，有利于保证总分类账记录的正确性。

科目汇总表账务处理程序的缺点主要表现在：在科目汇总表和总分类账中，不能清晰地反映出账户之间的对应关系，因而不便于查对账目和分析经济业务的来龙去脉。

3．科目汇总表账务处理程序的适用范围

科目汇总表账务处理程序一般适用于规模较大、经济业务较多的单位。

四、汇总记账凭证账务处理程序

（一）汇总记账凭证账务处理程序的概念

汇总记账凭证账务处理程序是指对发生的经济业务事项，先根据原始凭证或汇总原始凭证编制记账凭证，再定期根据记账凭证分类编制汇总记账凭证（汇总收款凭证、汇总付款凭证和汇总转账凭证），然后根据汇总记账凭证登记总分类账的一种账务处理程序。其特点是：按照会计账户的对应关系，定期根据记账凭证分类编制汇总收款凭证、汇总付款凭证和汇总转账凭证，再根据汇总记账凭证登记总分类账。

（二）汇总记账凭证账务处理程序下凭证与账簿的设置

1．汇总记账凭证账务处理程序下凭证的设置

在汇总记账凭证账务处理程序下，记账凭证一般采用收款凭证、付款凭证和转账凭证专用格式，也可采用通用格式。如果记账凭证是收、付、转3种专用格式，则应分别设置汇总收款凭证、汇总付款凭证、汇总转账凭证。如果记账凭证是通用的统一格式，设置的汇总记账凭证也应采用通用的统一格式。对于转账业务不多的企业，也可以只设置汇总收款凭证和汇总付款凭证。

2. 汇总记账凭证账务处理程序下账簿的设置

在汇总记账凭证账务处理程序下，应当设置现金日记账、银行存款日记账、明细分类账和总分类账。日记账和总分类账可采用三栏式；明细分类账可根据需要采用三栏式、数量金额式和多栏式等。

（三）汇总记账凭证的种类及编制方法

汇总记账凭证分为汇总收款凭证、汇总付款凭证和汇总转账凭证三种。在对汇总记账凭证进行编号时，一般应在汇总记账凭证种类前加"汇"字，如"汇收字第×号""汇付字第×号""汇转字第×号"等。

1. 汇总收款凭证的编制方法

汇总收款凭证是指按"库存现金"和"银行存款"科目的借方分别设置的一种汇总记账凭证。它汇总了一定时期内库存现金和银行存款的收款业务。

汇总收款凭证的编制方法是：按日常核算工作中所填制的专用收款凭证中"库存现金"或"银行存款"的借方科目设置汇总收款凭证，按分录中相应的贷方科目定期进行汇总，填入汇总收款凭证中。一般可10天或15天汇总一次，月终计算出合计数，据以登记总分类账。

2. 汇总付款凭证的编制方法

汇总付款凭证是指按"库存现金"和"银行存款"科目的贷方分别设置的一种汇总记账凭证。它汇总了一定时期内库存现金和银行存款的付款业务。

汇总付款凭证的编制方法是：按日常核算工作中所填制的专用付款凭证中的"库存现金"或"银行存款"的贷方科目设置汇总付款凭证，按分录中相应的借方科目定期进行汇总，填入汇总付款凭证中。一般可10天或15天汇总一次，月终计算出合计数，据以登记总分类账。

3. 汇总转账凭证的编制方法

汇总转账凭证是指按每一贷方科目分别设置，用来汇总一定时期内转账凭证的一种汇总记账凭证。

汇总转账凭证的编制方法是：按日常核算工作中所填制的专用转账凭证中的贷方科目（如原材料、库存商品等）设置汇总转账凭证，按分录中相应的借方科目定期进行汇总，填入汇总转账凭证中。一般可10天或15天汇总一次，月终计算出合计数，据以登记总分类账。

（四）汇总记账凭证账务处理程序的核算步骤、优缺点及适用范围

1. 汇总记账凭证账务处理程序的核算步骤

（1）根据原始凭证编制汇总原始凭证。

（2）根据原始凭证或汇总原始凭证，填制记账凭证。

（3）根据收款凭证和付款凭证及所附原始凭证，逐笔登记现金日记账和银行存款日记账。

（4）根据原始凭证、汇总原始凭证和记账凭证，登记各种明细分类账。

（5）根据记账凭证编制有关汇总记账凭证。

（6）根据汇总记账凭证登记总分类账。

（7）月末，现金日记账、银行存款日记账和各种明细分类账的余额与有关总分类账的余额核对相符。

（8）月末，根据总分类账和明细分类账的有关资料，编制会计报表。

2．汇总记账凭证账务处理程序的优缺点

汇总记账凭证账务处理程序的优点包括：

（1）减少了登记总分类账的工作量；

（2）在汇总记账凭证上能够清晰地反映账户之间的对应关系。

其缺点包括：

（1）当转账凭证较多时，编制汇总转账凭证的工作量较大；

（2）对汇总过程中可能出现的错误难以发现；

（3）按每一贷方科目编制汇总转账凭证，不利于会计核算的日常分工。

3．汇总记账凭证账务处理程序的适用范围

汇总记账凭证账务处理程序一般适用于规模较大、经济业务较多的单位。

第二部分　职业能力训练

一、单选题

1．科目汇总表是依据（　　）编制的。

　　A．原始凭证　　　B．记账凭证　　　C．原始凭证汇总表　　　D．各种总账

2．以下项目中，属于科目汇总表账务处理程序缺点的是（　　）。

　　A．增加了会计核算的账务处理程序　B．增加了登记总分类账的工作量

　　C．不便于检查核对账目　　　　　　　D．不便于进行试算平衡

3．常见的 3 种账务处理程序中会计报表是根据（　　）资料编制的。

　　A．日记账、总账和明细账　　　　　B．日记账和明细分类账

　　C．明细账和总分类账　　　　　　　D．日记账和总分类账

4. 关于记账凭证账务处理程序，下列说法不正确的是（ ）。

　　A. 适用于规模较大、经济业务量较多的单位

　　B. 登记总分类账的工作量较大

　　C. 根据记账凭证逐笔登记总分类账，是最基本的账务处理程序

　　D. 简单明了，易于理解，总分类账可以较详细地反映经济业务的发生情况

5. 下列属于记账凭证核算程序主要缺点的是（ ）。

　　A. 方法不易掌握　　　　　　　B. 不能体现账户的对应关系

　　C. 不便于会计合理分工　　　　D. 登记总账的工作量较大

6. （ ）账务处理程序是最基本的一种账务处理程序。

　　A. 记账凭证　　B. 日记总账　　C. 汇总记账凭证　D. 科目汇总表

7. 各种账务处理程序下，下列各项中不能作为登记明细分类账的依据的是（ ）。

　　A. 原始凭证　　B. 记账凭证　　C. 汇总原始凭证　D. 汇总记账凭证

8. 汇总记账凭证账务处理程序与科目汇总表账务处理程序的相同点是（ ）。

　　A. 登记总分类账的依据相同　　B. 可以做到试算平衡

　　C. 记账凭证的汇总方法相同　　D. 减轻了登记总分类账的工作量

9. 汇总记账凭证账务处理程序的主要缺点在于（ ）。

　　A. 不利于会计核算的分工　　　B. 不能反映经济业务

　　C. 不能节省会计工作时间　　　D. 不能保持科目之间的对应关系

10. 科目汇总表定期汇总的是（ ）。

　　A. 每一账户的本期借方发生额　　B. 每一账户的本期贷方发生额

　　C. 每一账户的本期借、贷方发生额　D. 每一账户的本期借、贷方余额

二、多选题

1. 账务处理程序也叫会计核算组织程序，它是指（ ）相结合的方式。

　　A. 会计凭证　　B. 会计科目　　C. 会计报表　　D. 会计账簿

2. 以下属于记账凭证账务处理程序优点的有（ ）。

　　A. 简单明了、易于理解

　　B. 减轻了登记总分类账的工作量

　　C. 能够清晰地反映各账户之间的对应关系

　　D. 总分类账可较详细地记录经济业务发生情况

3. 下列不属于科目汇总表账务处理程序优点的有（ ）。

　　A. 便于进行试算平衡　　　　　B. 便于检查核对账目

　　C. 简化登记总分类账的工作量　D. 便于反映各账户间的对应关系

4．以记账凭证为依据，按有关账户的贷方设置，按借方账户归类的有（　　）。

    A．汇总收款凭证 B．汇总转账凭证 C．汇总付款凭证　D．科目汇总表

5．在科目汇总表账务处理程序下，记账凭证是（　　）的依据。

    A．登记总分类账 B．编制会计报表 C．登记明细分类账 D．编制科目汇总表

6．下列属于科目汇总表账务处理程序特点的有（　　）。

    A．根据记账凭证登记总分类账

    B．根据科目汇总表登记总分类账

    C．根据记账凭证定期编制科目汇总表

    D．根据记账凭证定期编制汇总记账凭证

7．在汇总记账凭证账务处理程序下，月末应与总分类账核对的内容有（　　）。

    A．明细分类账　　B．现金日记账　　C．记账凭证　　　D．银行存款日记账

8．常用的各种账务处理程序，它们的共同之处有（　　）。

    A．编制记账凭证的依据　　　　　B．登记日记账的依据

    C．编制会计报表的依据　　　　　D．登记总分类账的依据

9．适用于企业生产经营规模较大、业务较多的账务处理程序是（　　）。

    A．记账凭证账务处理程序　　　　B．多栏式日记账账务处理程序

    C．汇总记账凭证账务处理程序　　D．科目汇总表账务处理程序

10．不论哪一种账务处理程序，在编制会计报表之前，都要进行的对账工作是（　　）。

    A．总分类账之间的核对

    B．明细分类账与总分类账的核对

    C．现金日记账与总分类账的核对

    D．银行存款日记账与总分类账的核对

三、判断题

1．科目汇总表账务处理程序能科学地反映账户的对应关系，且便于账目核对。（　）

2．库存现金日记账和银行存款日记账不论在何种账务处理程序下，都是根据收款凭证和付款凭证逐日逐笔顺序登记的。　　　　　　　　　　　　　　　　　（　　）

3．汇总记账凭证账务处理程序的缺点在于编制汇总转账凭证的工作量较大。　（　）

4．科目汇总表账务处理程序不能反映各科目的对应关系，不便于查对账目，但汇总记账凭证账务处理程序可以克服科目汇总表账务处理程序的这个缺点。　　　（　　）

5．汇总收款凭证和汇总转账凭证都是按借方汇总的。　　　　　　　　　　（　　）

6．各种账务处理程序编制会计报表的依据都是相同的。　　　　　　　　　（　　）

7．在不同的账务处理程序中，登记总账的依据相同。　　　　　　　　　　（　　）

8．汇总记账凭证账务处理程序就是将各种原始凭证汇总后填制记账凭证，据以登记

总分类账的账务处理程序。 （　　）

9. 会计科目、会计凭证、会计账簿三者不同的结合方式，构成了不同的账务处理程序。 （　　）

10. 汇总记账凭证账务处理程序可以清晰地反映科目之间的对应关系，可以做到试算平衡，保证总分类账登记的正确性。 （　　）

四、计算分析题

润奇公司主要生产 A 产品，被主管税务机关核准为一般纳税人。公司设有一个基本生产车间，规模较大，经济业务较多。2012 年 5 月 1 日至 10 日发生的部分经济业务，该公司采用通用记账凭证，在记账凭证上编制的会计分录如下所示：

1. 35#　收回前欠货款
借：银行存款　　　　　　　　　　　　　　　　　　　　31 000
　　贷：应收账款——向阳公司　　　　　　　　　　　　　　　31 000

2. 36#　归还前欠货款
借：应付账款——玉华公司　　　　　　　　　　　　　　18 000
　　贷：银行存款　　　　　　　　　　　　　　　　　　　　18 000

3. 37#　归还前欠货款
借：应付账款——宏鑫公司　　　　　　　　　　　　　　12 000
　　贷：银行存款　　　　　　　　　　　　　　　　　　　　12 000

4. 38#　交上月税款
借：应交税费——未交增值税　　　　　　　　　　　　　34 000
　　贷：银行存款　　　　　　　　　　　　　　　　　　　　34 000

5. 39#　提现备用
借：库存现金　　　　　　　　　　　　　　　　　　　　3 400
　　贷：银行存款　　　　　　　　　　　　　　　　　　　　3 400

6. 40#　采购乙材料
借：原材料——乙材料　　　　　　　　　　　　　　　　20 000
　　应交税费——应交增值税（进项税额）　　　　　　　3 400
　　贷：应付账款——宏鑫公司　　　　　　　　　　　　　　23 400

7. 41#　采购丙材料
借：原材料——丙材料　　　　　　　　　　　　　　　　35 000
　　应交税费——应交增值税（进项税额）　　　　　　　5 950
　　贷：应付账款——宏鑫公司　　　　　　　　　　　　　　40 950

8. 69#　支付广告费

借：销售费用 2 400

    贷：银行存款 2 400

9. 70#　支付办公用品费用

借：管理费用 400

    贷：银行存款 400

10. 71#　销售产品

借：银行存款 93 600

    贷：主营业务收入 80 000

        应交税费——应交增值税（销项税额） 13 600

要求：

1. 采用"T"形账户编制科目汇总表工作底稿。

2. 编制科目汇总表。

第三部分　项目实训

实训一

【实训目的】

掌握对记账凭证账务处理程序的应用。

【实训资料】

润奇公司 2012 年 6 月初总分类账户余额如下表所示：

单位：元

账户	金额	账户	金额
一、资产类		二、负债类	
库存现金	800	短期借款	680 000
银行存款	2 504 500	应付账款	447 000
应收账款	250 000	应付职工薪酬	25 620
其他应收款	3 000	应交税费	167 200
原材料	1 166 800	应付股利	62 800
库存商品	1 352 380	三、所有者权益类	
固定资产	3 356 040	实收资本	5 170 000
累计折旧	52 680	资本公积	215 100

续表

账户	金额	账户	金额
无形资产	501 000	盈余公积	721 980
		本年利润	1 344 020
		利润分配	353 480
合计	9 187 200	合计	9 187 200

润奇公司 2012 年 6 月发生下列经济业务：

1. 1 日，从银行提取现金 4 000 元备用。

2. 3 日，从华智公司购进甲材料 1 000 千克，税价合计 46 800 元（增值税税率为17%）。材料已验收入库，货款尚未支付。

3. 4 日，车间领用甲材料一批，其中用于生产 A 产品 30 000 元，车间一般消耗 3 000 元。

4. 5 日，销售给大亨公司 A 产品一批，税价合计 56 160 元（增值税税率为 17%），开出增值税专用发票，产品已托运，润奇公司向银行办妥托收手续。

5. 7 日，公司销售部分员工刘青山预借差旅费 4 000 元，以现金付讫。

6. 9 日，销售给华夏公司 B 产品一批，税价合计 32 760 元（增值税税率为 17%），开出增值税专用发票，产品已托运，润奇公司向银行办妥托收手续。

7. 11 日，以银行存款支付前欠华智公司货款 46 800 元。

8. 13 日，从宏基公司购入乙材料，税价合计 35 100 元（增值税税率为 17%），材料已验收入库，货款尚未支付。

9. 14 日，收到银行通知，大亨公司汇来前欠货款 56 160 元，已收妥入账。

10. 16 日，车间领用乙材料一批，其中用于生产 B 产品 36 000 元，用于车间一般耗用 3 300 元。

11. 17 日，收到银行通知，华夏公司汇来前欠货款 32 760 元，已收妥入账。

12. 20 日，以银行存款支付前欠宏基公司货款 35 100 元。

13. 27 日，以现金支付管理部门办公用品费用 500 元。

14. 27 日，销售给荣昌公司一批甲材料 200 千克，税价合计 16 380 元，货款已付。

15. 30 日，预提本月应付短期借款利息 3 000 元。

16. 30 日，根据月末编制的"工资结算汇总表"，本月应付生产工人工资为 120 000 元，应付车间管理员工资为 13 500 元，应付行政管理人员工资为 18 000 元。

17. 30 日，本月计提固定资产折旧 5 700 元，其中，生产车间固定资产折旧 4 200 元，行政管理部门固定资产折旧 1 500 元。

18. 30 日，结转制造费用。

19. 30 日，本月生产的 A、B 产品全部完工并验收入库，且无月初在产品，计算并结转完工产品成本。

20．30 日，结转本月销售产品的成本。

21．30 日，结转本月销售甲材料的成本。

22．30 日，计算本月应交城市建设维护税及教育费附加（分别按本月应交增值税额的 7%和 3%交纳）。

23．30 日，将收入、费用账户余额转入"本年利润"账户。

24．30 日，按本月利润总额的 25%计算应交所得税，并将所得税费用转入"本年利润"账户（无纳税调整项目）。

25．30 日，将本月实现的净利润转入"利润分配——未分配利润"账户。

26．30 日，分别按净利润的 10%提取法定盈余公积。

润奇公司本月发生的经济业务的相关原始凭证如下所示：

1.

<table>
<tr><td colspan="2" align="center">中信银行
转账支票存根
30201253
01102531</td></tr>
<tr><td colspan="2">附加信息</td></tr>
<tr><td colspan="2">出票日期 2012 年 6 月 1 日</td></tr>
<tr><td>收款人：润奇公司</td></tr>
<tr><td>金　额：¥4 000.00 元</td></tr>
<tr><td>用　途：提取备用</td></tr>
<tr><td>单位主管　　　会计</td></tr>
</table>

2.

北京增值税专用发票

1100710403　　发　票　联　　NO 66915246 1100710403 66915246

开票日期：2012 年 06 月 03 日

购货单位	名称：润奇公司 纳税人识别号：110357467898741 地址、电话：北京市经济开发区富强路 10 号 010-64235187 开户行及账号：中信银行北京市上地支行 1103564532837615929	密码区	*/6*-61*4/567-/>5/-*20+5-44*1335/46/4168/546*-614702/549/78956>5/-*20+4654*1335/>134*4-46413/W56/1234*44665-68418/*6/413/W56/1234*44/6*-61+4

货物或应税劳务名称	规格型号	单位	数量	单价	金额	税率	税额
甲材料		千克	1 000	40	40 000	17%	6 800
合计					¥40 000		¥6 800

价税合计（大写）	肆万陆仟捌佰元整	（小写）　¥: 46 800

销货单位	名称：华智公司 纳税人识别号：110357874685643 地址、电话：北京市朝阳区朝阳北路 17 号 010-88619321 开户行及账号：中信银行北京市朝阳支行 1103560596125968110	备注	华智公司 110357874685643 发票专用章

收款人：陈宇翔　　复核：赵一鸣　　开票人：王慧慧　　销货单位：（公章）

收 料 单

材料科目：原材料　　　　　　　　　　　　编　号：009
材料类别：原料及主要材料　　　　　　　　收料仓库：1 号仓库
供应单位：华智公司　　2012 年 06 月 03 日　发票号码：66915246

材料编号	材料名称	规格	计量单位	数量		实际价格			
				应收	实收	单价	发票金额	运杂费	合计
01	甲材料		千克	1 000	1 000	40	40 000		40 000
备注									

采购员：陈宏　　检验员：张宇　　记账员：　　保管员：李长江

3.

润奇公司发出材料汇总表

2012 年 6 月 4 日　　　　　　　　　　　　　　　　　　单位：元

用途	甲材料（单价40元）		丙材料（单价30元）		丁材料（单价40元）		合计
	数量	金额	数量	金额	数量	金额	
生产 A 产品耗用	750	30 000					30 000
生产 B 产品耗用							
车间一般耗用	75	3 000					3 000
行政管理部门耗用							
合计	825	33 000					33 000

4.

北京增值税专用发票

1100710304　　　发票联　　　NO 66924615　1100710304
　　　　　　　　　　　　　　　　　　　　　66924615
开票日期：2012 年 06 月 05 日

购货单位	名　称：大亨公司　　纳税人识别号：110356435784501　　地址、电话：北京市朝阳区朝阳北路 17 号 010-88619321　　开户行及账号：中信银行北京市朝阳支行 1103562596811059610	密码区	-/>5/*4/*/6*-61567-5-44*1335/46*20+/546168614702*549/78956>5/20+-**-/4*13354/>134654*4-464131234*W56446//465-613/W56/1234*44/661+4*/*68418-

货物或应税劳务名称	规格型号	单位	数量	单价	金额	税率	税额
A 产品		千克	480	100	48 000	17%	8 160
合　计					¥48 000		¥8 160

价税合计（大写）　伍万陆仟壹佰陆拾元整　　　　（小写）　¥: 56 160

销货单位	名　称：润奇公司　　纳税人识别号：110357467898741　　地址、电话：北京市经济开发区富强路 10 号 010-64235187　　开户行及账号：中信银行北京市上地支行 1103564532837615929	备注	润奇公司 110357467898741 发票专用章（公章）

收款人：王玉娇　　复核：秦彩云　　开票人：刘淑敏　　销货单位：（公章）

产品出库单（记账联）

合同编号：022　　　　　　　　　　　　　　　　　　　　　　第 1 号

客户编号：051　　　　　　联 系 人：刘鹏宇

客　户：大亨公司　　　　联系电话：010-88619321　　　　送货日期：2012 年 6 月 5 日

序号	产品名称	规格	计量单位	数量	单价	金额	备注
1	A 产品		千克	480	100	48 000	
	合计			480		48 000	

主管：XXX　　验货：XXX　　经办人：XXX　　业务：XXX　　填单人：XXX

中信银行托收凭证（受理回单）

委托日期　　　2012 年 6 月 5 日

业务类型		委托收款	□ 邮划、□电划		委托收款	□ 邮划、☑电划								
付款人	全　称	大亨公司		收款人	全　称	润奇公司								
	账　号	1103562596811059610			账　号	1103564532837615929								
	地址	北京市朝阳区	开户行	中信银行		地址	北京市海淀区		开户行		中信银行			

金额	人民币（大写）伍万陆仟壹佰陆拾元整		亿	千	百	十	万	千	百	十	元	角	分
						¥	5	6	1	6	0	0	0

款项内容	货款	托收凭据名　称	增值税专用发票	附寄单证张数	1

商品发出情况	货物已托运	合同名称号码	

备注：	款项收妥日期	中信银行股份有限公司 北京市海淀支行 2012 年 6 月 收款人开户银行 受 理 凭 证 章
	签章	年　月　日

此联为收款人开户银行给收款人的受理回单

5.

润奇公司借支单

2012 年 6 月 7 日

姓名	刘青山	部门	销售部	职务	业务员
借款原因	出差				
借支金额	肆仟元整				
备　注					

借款人签名：刘青山　　现金付讫

6.

北京增值税专用发票

1100710034　　　　　　　　　　　NO 66921546
发　票　联

1100710034
66921546
开票日期：2012 年 06 月 09 日

| 购货单位 | 名　称：华夏公司
纳税人识别号：110356435864301
地址、电话：北京市朝阳区长青路9号 010-89321504
开户行及账号：中信银行北京市朝阳支行 1103562596159681100 | 密码区 | /546168614702*549/78956>5/20+-**-/4
-/>5/*4/*/6*-61567-5-44/1335/46*20+
*13234*W56354/>134654*4-464131446//
/4*44/661+465-613/W56/1234/*/*68418- |

货物或应税劳务名称	规格型号	单位	数量	单价	金额	税率	税额
A 产品		千克	280	100	28 000	17%	4 760
合　　计					¥28 000		¥4 760

| 价税合计（大写） | 叁万贰仟柒佰陆拾元整 | （小写）　¥：32 760 |

| 销货单位 | 名　称：润奇公司
纳税人识别号：110357467898741
地址、电话：北京市经济开发区富强路10号 010-64235187
开户行及账号：中信银行北京市上地支行 1103564532837615929 | 备注 | 润奇公司
110357467898741
发票专用章 |

收款人：王玉娇　　　复核：秦彩云　　　开票人：刘淑敏　　　销货单位：（公章）

产品出库单（记账联）

合同编号：025　　　　　　　　　　　　　　　　　　　　第 2 号

客户编号：042　　　　　　联系人：陈冲一

客　户：华夏公司　　　　联系电话：010-89321504　　　　送货日期：2012 年 6 月 9 日

序号	产品名称	规格	计量单位	数量	单价	金额	备注
1	B 产品		千克	280	100	28 000	
	合计			280		28 000	

主管：×××　　验货：×××　　经办人：×××　　业务：×××　　填单人：×××

中信银行托收凭证（受理回单）

委托日期 2012 年 6 月 9 日

业务类型		委托收款	□ 邮划、□电划		委托收款	□ 邮划、✓电划		
付款人	全 称	华夏公司		收款人	全 称	润奇公司		
	账 号	11035625961596811 00			账 号	11035645328376159 29		
	地 址	北京市朝阳区	开户行 中信银行		地 址	北京市海淀区	开户行	中信银行

金额	人民币（大写）叁万贰仟柒佰陆拾元整		亿 千 百 十 万 千 百 十 元 角 分
			¥ 3 2 7 6 0 0 0

款项内容	货款	托收凭据名 称	增值税专用发票	附寄单证张数	1

商品发出情况	货物已托运	合同名称号码	

备注：	款项收妥日期 签章	中信银行股份有限公司 北京市海淀支行 2012 年 6 月 收款人开户银行 受理凭证章 年 月 日 年 月 日

此联为收款人开户银行给收款人的受理回单

7.

中信银行
转账支票存根
30205312
01101253

附加信息

出票日期 2012 年 6 月 11 日

收款人：	华智公司
金 额：	¥46 800.00 元
用 途：	购材料款

单位主管　　会计

8.

北京增值税专用发票

1100104037

发　票　联

NO 66524691

1100104037
66524691

开票日期：2012 年 06 月 13 日

购货单位	名　称：润奇公司 纳税人识别号：110357467898741 地址、电话：北京市经济开发区富强路 10 号 010-64235187 开户行及账号：中信银行北京市上地支行 1103564532837615929	密码区	-*20+*/6*-61*4/567-/>5/5-44*1335/46 -614/4168/546*702*549/78956>5/-*20+ />1344654*1335*4-46413/W56/1234*446 *6/41365-68418//W56/1234*44/6*-61+4

货物或应税劳务名称	规格型号	单位	数量	单价	金额	税率	税额
乙材料		千克	1 000	30	30 000	17%	5 100
合　计					￥30 000		￥5 100

价税合计（大写）	叁万伍仟壹佰元整	（小写）	￥: 35 100

销货单位	名　称：宏基公司 纳税人识别号：110356856437874 地址、电话：北京市朝阳区向阳路 35 号 010-67230151 开户行及账号：中信银行北京市朝阳支行 1103560525968110961	备注	宏基公司 110356856437874 发票专用章

收款人：刘利彬　　复核：赵莹莹　　开票人：张晓春　　销货单位：（公章）

收　料　单

材料科目：原材料　　　　　　　　　　　　　　　　编　号：009
材料类别：原料及主要材料　　　　　　　　　　　收料仓库：1 号仓库
供应单位：宏基公司　　　2012 年 06 月 13 日　　发票号码：66524691

材料编号	材料名称	规格	计量单位	数量		实际价格			
				应收	实收	单价	发票金额	运杂费	合计
02	乙材料		千克	1 000	1 000	30	30 000		30 000
备注									

采购员：陈宏　　检验员：张宇　　记账员：　　保管员：李长江

9.

中信银行托收凭证（收款通知）

委托日期　　2012 年 6 月 5 日　　　　付款期限　　2012 年 6 月 14 日

业务类型	委托收款	□ 邮划、□ 电划		委托收款	□ 邮划、✓ 电划	

付款人	全　称	大亨公司	收款人	全　称	润奇公司
	账　号	1103562596811059610		账　号	1103564532837615929
	地　址	北京市朝阳区	开户行	中信银行	地　址	北京市海淀区	开户行	中信银行

金额	人民币（大写）伍万陆仟壹佰陆拾元整	亿千百十万千百十元角分 ￥ 5 6 1 6 0 0 0 0

款项内容	货款	托收凭据名称	增值税专用发票	附寄单证张数	1

商品发出情况	货物已托运	合同名称号码	

备注：

上列款项已划回收入方账户

收款人开户银行签章
2012 年 6 月 14 日

中信银行 北京市上地支行 2012.6.14 转讫

复核　　　记账

此联为收款人开户银行给收款人的收账通知

10.

润奇公司发出材料汇总表
2012 年 6 月 16 日　　　　单位：元

用途	甲材料（单价40元）		丙材料（单价30元）		丁材料（单价40元）		合计
	数量	金额	数量	金额	数量	金额	
生产 A 产品耗用							
生产 B 产品耗用			1 200	36 000			36 000
车间一般耗用			110	3 300			3 300
行政管理部门耗用							
合计			1 310	39 300			39 300

11.

中信银行托收凭证（收款通知）

委托日期　2012 年 6 月 9 日　　　付款期限　2012 年 6 月 17 日

业务类型	委托收款	☐ 邮划、☐电划		委托收款	☐ 邮划、☑电划	

付款人	全　称	华夏公司		收款人	全　称	润奇公司	
	账　号	1103562596159681100			账　号	1103564532837615929	
	地　址	北京市朝阳区	开户行	中信银行	地　址	北京市海淀区	开户行	中信银行

金额	人民币（大写）叁万贰仟柒佰陆拾元整	亿 千 百 十 万 千 百 十 元 角 分
		¥ 3 2 7 6 0 0 0 0

款项内容	货款	托收凭据名　称	增值税专用发票	附寄单证张数	1

商品发出情况	货物已托运	合同名称号码	

备注：

上列款项已划回收入方账户

收款人开户银行签章
2012 年 6 月 17 日

中信银行
北京市上地支行
2012.6.17
转讫

复核　　　　记账

此联为收款人开户银行给收款人的收账通知

12.

中信银行
转账支票存根
30025120
01182460

附加信息

出票日期 2012 年 6 月 20 日
收款人：宏基公司
金　额：¥35 100.00 元
用　途：购材料款

单位主管　　　会计

13.

中信银行
现金支票存根
30205231
01101830

附加信息

出票日期 2012 年 6 月 27 日
收款人：金五星公司
金　额：¥500.00 元
用　途：办公用品

单位主管　　　会计

北京市国家税务局通用机打发票

发票联

发票代码	111165381972
发票号码	10036401

开票日期: 2012年6月27日 　　　行业分类: 商业零售业

付款单位: 润奇公司

品名	规格	单位	数量	单价	金额
办公用品					500.00

大写合计 伍佰元整 　　　　　　　　　　　小写 ￥500.00

收款单位名称(盖章)金五星公司

发票密码

14.

北京增值税专用发票

1100359642

发票联

NO 53610048 1100359642
53610048

开票日期: 2012 年 06 月 27 日

购货单位	名　称:	荣昌公司
	纳税人识别号:	110356430164358
	地址、电话:	北京市朝阳区建功路21号 010-81504932
	开户行及账号:	中信银行北京市朝阳支行 1103615968110056259

密码区: /5461686149/78956>5/20+-*4702*5*-/4-/>5*/6*-6/4/1567-5-44/1335/46*20+*13234/W56354/>134654*4-131446/464/4234*/*6*44/661+465-613/W56/18418-

货物或应税劳务名称	规格型号	单位	数量	单价	金 额	税率	税 额
甲材料		千克	200	70	14 000	17%	2 380
合　　计					￥14 000		￥2 380

价税合计(大写) 壹万陆仟叁佰捌拾元整 　　　(小写) ￥: 16 380

销货单位	名　称:	润奇公司
	纳税人识别号:	110357467898741
	地址、电话:	北京市经济开发区富强路10号 010-64235187
	开户行及账号:	中信银行北京市上地支行 1103564532837615929

备注: 润奇公司 110357467898741 发票专用章

收款人: 王玉娇 　　　复核: 秦彩云 　　　开票人: 刘淑敏 　　　销货单位: (公章)

中信银行进账单（收账通知）

2012 年 6 月 27 日

2 第 29 号

出票人	全 称	荣昌公司	收款人	全 称	润奇公司
	账 号	1103 6159 6811 0056 259		账 号	1103 5645 3283 7615 929
	开户银行	中信银行朝阳支行		开户银行	中信银行上地支行

金额	人民币（大写） 壹万陆仟叁佰捌拾元整	亿	千	百	十	万	千	百	十	元	角	分
						¥	1	6	3	8	0	0	0

票据种类	转账支票	中信银行 北京市上地支行 2012.6.27 转讫	
票据张数	壹张		开户银行盖章
单位主管 复核 记账			

15.

润奇公司应付利息分配表

2012 年 6 月 30 日

应借科目	预提费用项目			合计
	短期借款利息	长期借款利息	大修理费	
制造费用				
财务费用				
合计				

财务主管：×××　　　会计：×××　　　复核：×××　　　制表：×××

（注：先计算填列有关内容，再进行账务处理。）

16.

润奇公司工资结算汇总表

2012 年 6 月 30 日

单位：元

项目	工资总额
A 产品生产工人	80 000
B 产品生产工人	40 000
车间管理人员	13 500
行政管理人员	18 000
合计	153 000

财务主管：×××　　　会计：×××　　　复核：×××　　　制表：×××

17.

润奇公司固定资产折旧计算提取表

2012 年 6 月 30 日

应借科目	固定资产类别	固定资产月初原值（元）	月折旧率	月折旧额（元）
制造费用	生产线设备	420 000	0.1%	4 200
管理费用	车辆等	30 000	0.05%	1 500
合计		450 000		5 700

财务主管：×××　　　　会计：×××　　　　复核：×××　　　　制表：×××

18.

润奇公司制造费用分配表

2012 年 6 月 30 日

产品	生产工人工资（元）	分配率	分配金额（元）
A 产品	80 000		
B 产品	40 000		
合计	120 000		

财务主管：×××　　　　会计：×××　　　　复核：×××　　　　制表：×××

（注：先计算填列有关内容，再进行账务处理。）

19.

润奇公司生产成本计算单

2012 年 6 月 30 日　　　　　　　　　　　　　　　单位：元

成本项目	A 产品（2 000 千克）		B 产品（1 600 千克）	
	总成本	单位成本	总成本	单位成本
直接材料				
直接人工				
制造费用				
产品生产成本				

财务主管：×××　　　　会计：×××　　　　复核：×××　　　　制表：×××

（注：先计算填列有关内容，再进行账务处理。）

润奇公司产成品入库单（财会记账联）

2012 年 6 月 30 日

产品	计量单位	入库数量	单位成本	总成本								
				百	十	万	千	百	十	元	角	分
A 产品	千克	2 000										
B 产品	千克	1 600										
合计												

主管：×××　　　　记账：×××　　　　验货：×××　　　　经办人：×××

（注：先计算填列有关内容，再进行账务处理。）

20.

润奇公司主营业务成本计算表

2012 年 6 月 30 日

产品	销售数量	单位成本	金　额
A 产品			
B 产品			
合计			

财务主管：×××　　　会计：×××　　　复核：×××　　　　制表：×××

（注：先计算填列有关内容，再进行账务处理。）

21.

润奇公司其他业务成本计算表

2012 年 6 月 30 日

产品	销售数量	单位成本	金额
A 产品			
合计			

财务主管：×××　　　会计：×××　　　复核：×××　　　　制表：×××

（注：先计算填列有关内容，再进行账务处理。）

22.

润奇公司城市维护建设税及教育费附加计算表

2012 年 6 月 30 日

项目	金额
销项税额	
进项税额	
应纳增值税额	
应纳消费税额	
应纳营业税额	
流转税额合计	
应纳城市维护建设税额（7%）	
应交教育费附加（3%）	

财务主管：×××　　　会计：×××　　　复核：×××　　　制表：×××

（注：先计算填列有关内容，再进行账务处理。）

23.

润奇公司损益类账户本月累计发生额汇总表

2012 年 6 月 30 日

项目	金额	项目	金额
主营业务收入		主营业务成本	
其他业务收入		营业税金及附加	
营业外收入		其他业务成本	
投资收益		营业外支出	
		销售费用	
		管理费用	
		财务费用	
合计		合计	

财务主管：×××　　　会计：×××　　　复核：×××　　　制表：×××

（注：先计算填列有关内容，再进行账务处理。）

24.

润奇公司应交所得税计算表

2012 年 6 月 30 日

应税项目	应税金额	税率项目	应交所得税税额	备注
税前会计利润				
				无纳税调整事项
合计				

财务主管：×××　　　会计：×××　　　复核：×××　　　制表：×××

（注：先计算填列有关内容，再进行账务处理。）

25.

润奇公司利润分配表

2012 年 6 月 30 日

应税项目	净利润	比例	金额	备注
盈余公积				
				无纳税调整事项

财务主管：×××　　　会计：×××　　　复核：×××　　　制表：×××

（注：先计算填列有关内容，再进行账务处理。）

【实训材料】

收款凭证、付款凭证、转账凭证各一本，现金日记账、银行存款日记账、总账各一册，资产负债表、利润表各一份。

【实训要求】

1．审核上述各项经济业务的原始凭证，将审核无误的原始凭证裁剪下来。然后，采用收付转凭证编制记账凭证，并把裁剪下来的原始凭证附在相关记账凭证后面。最后按经济业务顺序对记账凭证进行编号。

2．根据本月发生的收付款业务，逐笔登记"现金日记账"和"银行存款日记账"。

3．根据收付转记账凭证直接登记总分类账。

4．编制总分类账户本期发生额及余额表。

5．编制润奇公司本月资产负债表和利润表。

6．将凭证折叠整齐，填写凭证封面，将会计凭证装订成册；将会计报表按资产负债表、利润表的顺序加具封面，装订成册。

实训二

【实训目的】

掌握对科目汇总表账务处理程序的应用。

【实训资料】

同"实训一"资料，会计核算采用科目汇总表账务处理程序。

【实训材料】

收款凭证、付款凭证、转账凭证各一本，科目汇总表两份，现金日记账、银行存款日记账、总账各一册，资产负债表、利润表各一份。

【实训要求】

1．审核上述各项经济业务的原始凭证，将审核无误的原始凭证裁剪下来。然后，采用收付转凭证编制记账凭证，并把裁剪下来的原始凭证附在相关记账凭证后面。最后按经济业务顺序对记账凭证进行编号。

2．根据本月发生的收付款业务，逐笔登记"现金日记账"和"银行存款日记账"。

3．按照上下半月编制科目汇总表。

4．根据科目汇总表登记总分类账。

5．编制总分类账户本期发生额及余额表。

6．编制润奇公司本月资产负债表和利润表。

7. 将凭证折叠整齐，填写凭证封面，将会计凭证装订成册；将会计报表按资产负债表、利润表的顺序加具封面，装订成册。

实训三

【实训目的】

掌握对汇总记账凭证账务处理程序的应用。

【实训资料】

同"实训一"资料，会计核算采用汇总记账账务处理程序。

【实训材料】

收款凭证、付款凭证、转账凭证各一本，汇总收款、付款、转账凭证各一本，现金日记账、银行存款日记账、总账各一册，资产负债表、利润表各一份。

【实训要求】

1. 审核上述各项经济业务的原始凭证，将审核无误的原始凭证裁剪下来。然后，采用收付转凭证编制记账凭证，并把裁剪下来的原始凭证附在相关记账凭证后面。最后按经济业务顺序对记账凭证进行编号。

2. 根据本月发生的收付款业务，逐笔登记"现金日记账"和"银行存款日记账"。

3. 根据收付转记账凭证编制汇总收付转记账凭证。

4. 根据汇总记账凭证登记总分类账。

5. 编制总分类账户本期发生额及余额表。

6. 编制润奇公司本月资产负债表和利润表。

7. 将凭证折叠整齐，填写凭证封面，将会计凭证装订成册；将会计报表按资产负债表、利润表的顺序加具封面，装订成册。

第四部分　案例分析与讨论

章华公司关于账务处理程序的描述如下：

1. 会计人员根据审核后的原始单据填制记账凭证。

2. 经过财务经理审核后的记账凭证登记明细账。

3. 月末，会计人员根据各记账凭证编制汇总记账凭证。

4. 会计人员根据汇总记账凭证与出纳员核对银行存款发生额和现金账发生额。

5. 会计人员根据汇总记账凭证登记总分类账。

6．会计人员进行总分类账与明细分类账、银行存款日记账、现金日记账核对，现金日记账余额与库存现金数核对。

7．会计人员根据总分类账编制各种会计报表。

8．出纳员根据银行日记账与银行对账单进行核对，并登记未达账项。

注：

1．原始单据一定要按照公司的财务制度规定的程序审核签字。

2．记账凭证要由财务经理审核。

3．月末会计要监督出纳进行账库核对。

4．会计要检查支票备查簿，并要核实、签字。

5．出纳员要认真登记未达账单，会计人员要审核签字。

分析：

根据上述资料，对该公司的账务处理程序作出评价，说明其优缺点及改进措施。

第五部分　职业能力拓展训练

利用学习资源查阅多栏式日记账账务处理程序的相关知识。

第六部分　考核评价表

项目序号	过程考核（30%）									结果考核（70%）						总分
	考核人	方案设计	过程实施	团队合作	资源利用	职业态度	组织纪律	小计	折合分值	合计	考核人	职业能力训练	项目实训	职业能力拓展训练	案例分析与讨论	合计	
项目10	教师（70%）										教师						
	小组（30%）																
教师评价										自我评价							

考核评价时间：　　　　　　　　　　　　　教师签字：

综合自测卷（一）

一、单项选择题（下列各题，只有一个符合题意的正确答案。本类题共 20 分，每小题 1 分。不选、错选或多选，均不得分。）

1. 下列经济业务会引起资产和负债同时变化的是（   ）。
   A. 收回前欠的货款 100 000 元
   B. 以银行存款归还前欠货款 40 000 元
   C. 从银行提取现金 20 000 元备发工资
   D. 以银行存款购入材料一批，价值 78 000 元

2. 出差人员预借差旅费时，填写的借款单属于（   ）。
   A. 自制的原始凭证   B. 外来原始凭证
   C. 付款凭证   D. 单式凭证

3. 计算分配应交的所得税，这项经济业务引起的变化是（   ）。
   A. 一项负债增加，一项负债减少
   B. 一项负债增加，一项资产减少
   C. 一项负债增加，一项所有者权益减少
   D. 一项负债增加，一项资产增加

4. 会计的基本职能是（   ）。
   A. 记账、算账和报账   B. 核算和监督
   C. 预测、决策和分析   D. 监督和管理

5. 下列账户中，期末一般没有余额的是（   ）。
   A. "生产成本"账户   B. "应交税金"账户
   C. "制造费用"账户   D. "累计折旧"账户

6. 某会计账户的期初借方余额为 5 000 元，本期贷方发生额为 12 000 元。期末借方余额为 8 400 元，则本期借方发生额为（   ）。
   A. 8 600 元   B. 15 400 元   C. 1 400 元   D. 14 500 元

7. 下列属于外来原始凭证的是（   ）。
   A. 收料单   B. 入库单
   C. 出差后的车票   D. 经济合同

8. 某企业销售产品一批，价款 50 000 元，增值税 8 500 元。货款收到 38 500 元，其

余 20 000 元未收，该项业务引起（　　）。

    A. 收入增加 38 500 元　　　　B. 收入增加 58 500 元

    C. 收入增加 50 000 元　　　　D. 资产增加 38 500 元

9. 期末时应转入"本年利润"账户的是（　　）账户的余额。

    A."库存商品"　B."制造费用"　C."主营业务成本"　D."利润分配"

10. 某企业本月支付厂部管理人员工资 30 000 元，预支厂部半年（含本月）报刊杂志费 2 400 元，生产车间财产保险费 6 000 元，该企业本月管理费用发生额为（　　）元。

    A. 30 000　　　B. 32 400　　　C. 30 400　　　D. 38 400

11."累计折旧"账户贷方余额表示（　　）。

    A. 折旧的增加数　　　　B. 折旧的减少数

    C. 折旧的累计数　　　　D. 折旧的转销数

12. 下列应确认为资产的是（　　）。

    A. 长期闲置且不再具有使用和转让价值的厂房

    B. 已超过保质期的食品

    C. 自然使用寿命已满但仍在使用的设备

    D. 已签订合同拟于下月购进的材料

13."利润分配"账户在年终结算后出现借方余额，表示（　　）。

    A. 未分配的利润额　　　　B. 已分配的利润额

    C. 未弥补的亏损额　　　　D. 已实现的利润额

14. 现金和银行存款之间的相互划转业务一般只填写（　　）。

    A. 收款凭证　　B. 付款凭证　　C. 转账凭证　　D. 会计凭证

15. 在我国，总分类账要选用（　　）。

    A. 活页式账簿　　　　B. 自己认为合适的账簿

    C. 卡片式账簿　　　　D. 订本式账簿

16. 可以作为登记总分类账的依据是（　　）。

    A. 原始凭证　　B. 记账凭证　　C. 累计凭证　　D. 记账编制凭证

17. 年度结账需要在"本年累计"行下面划（　　）。

    A. 一条半栏红线　　　　B. 一条通栏红线

    C. 两条半栏红线　　　　D. 两条通栏红线

18. 下列情况中，属于不定期全面清查的是（　　）。

    A. 更换出纳人员对现金银行存款进行清查

    B. 更换仓库保管员对其保管的财产进行清查

    C. 年终决算前的全面清查

    D. 单位主要负责人调离工作时的财产清查

19. 某企业财产物资账面期初余额 10 000 元，本期增加额 5 000 元，采用永续盘存制确定的本期减少额 12 000 元。如果该企业对财产物资采用实地盘存制度，期末确定的实存额 4 000 元。两种方法确定的本期减少额之间相差（　　）。

    A. 1 000 元　　　B. 3 000 元　　　C. 4 000 元　　　D. 60 000 元

20. 下列资产负债表项目中，不能根据总账余额直接填列的是（　　）。

    A. 实收资本　　B. 货币资金　　C. 盈余公积　　　D. 短期借款

二、**多项选择题**（下列各题，有两个或两个以上符合题意的正确答案。本类题共 22.5 分，每小题 1.5 分。不选、错选、少选或多选，均不得分。）

1. 下列账户属于负债类账户的是（　　）。

    A. 应付账款　　B. 预付账款　　C. 应付职工薪酬　　　D. 所得税

2. 会计核算的方法有（　　）。

    A. 复式记账　　B. 会计分析　　C. 填制和审核会计凭证　D. 登记账簿

3. 计入产品成本的费用包括（　　）。

    A. 生产工人工资　　　　　　　B. 行政管理部门固定资产的折旧费

    C. 车间耗用的水电费　　　　　D. 车间固定资产的折旧费

4. 下列各项，可对利润总额产生影响的是（　　）。

    A. 营业利润　　B. 投资净收益　　C. 期间费用　　D. 营业外收支净额

5. 下列各等式，可作为会计等式的是（　　）。

    A. 资产＝负债＋所有者权益　　　　B. 资产＝债权人权益＋投资者权益

    C. 资产＝权益　　　　　　　　　　D. 利润＝收入－费用

6. 一个完整的会计分录包括（　　）。

    A. 会计账户　　B. 记账方法　　C. 记账符号　　　D. 记账金额

7. 企业在取得收入时可能会影响到的会计要素是（　　）。

    A. 资产　　　　B. 负债　　　　C. 费用　　　　D. 所有者权益

8. 下列账户之间可以形成对应关系的有（　　）

    A. "财务费用"与"应付利息"　　B. "原材料"与"银行存款"

    C. "生产成本"与"主营业务成本"　D. "应收账款"与"主营业务收入"

9. 记账凭证填制的依据有（　　）。

    A. 付款凭证　　B. 收款凭证　　C. 原始凭证　　D. 原始凭证汇总表

10. 全面清查，一般是在（　　）时进行。

    A. 年终　　　　　　　　　　　　B. 季终

    C. 月终　　　　　　　　　　　　D. 单位撤销、合并或改变隶属关系

11．在科目汇总表核算程序下，记账凭证是用来（　　）的依据。

    A．登记现金日记账   B．登记银行存款日记账

    C．登记明细分类账   D．编制科目汇总表

12．产生未达账项的情况有（　　）。

    A．企业已收款入账，而银行尚未收款入账

    B．企业已付款入账，而银行尚未付款入账

    C．银行已收款入账，而企业尚未收款入账

    D．银行已付款入账，而企业尚未付款入账

13．记账凭证账务处理程序的优点有（　　）。

    A．有利于试算平衡

    B．账务处理程序较简单

    C．可以全面反映经济业务的来龙去脉

    D．运用在会计科目多的情况下，便于记账和查阅

14．往来款项的清查主要包括各种（　　）款项的清查。

    A．应收账款   B．预收账款   C．银行存款   D．预付账款

15．在编制资产负债表时，（　　）项目是根据有关账户余额直接填列到资产负债表中的。

    A．短期投资   B．预付账款   C．应收账款   D．应付职工薪酬

三、判断题（在每小题的括号里填入判断结果，你认为正确的用"√"表示，错误的用"×"表示。本类题共15分，每小题0.5分。判断正确的得分，判断错误及不作判断的，不得分也不扣分。）

1．凡是资产其所有权一定归企业。（　　）

2．会计只能以货币为计量单位。（　　）

3．财务会计主要反映企业过去的信息，不能为企业内部管理提供数据。（　　）

4．在不设"预收账款"账户的企业，发生的少量预收账款业务应在"应收账款"账户中核算。（　　）

5．企业可供投资者分配的利润等于本年实现的净利润加上年初未分配利润，减去提取的盈余公积后的金额。（　　）

6．以银行存款50 000元向甲单位投资，该笔业务的发生一方面引起银行存款的减少，另一方面引起实收资本的增加。（　　）

7．记账人员记账时将某笔经济业务漏记，期末进行试算平衡时检查不出这一错误，故要用其他方法检查。（　　）

8．会计凭证的保管期限一般为 15 年。　　　　　　　　　　　　（　　）

9．在审核原始凭证时，发现有伪造、涂改或不合法的原始凭证，应退还经办人更改后再受理。　　　　　　　　　　　　　　　　　　　　　　　　（　　）

10．多栏式明细账格式适用于有关费用、成本和收入、成果等科目。　（　　）

11．在会计核算中，红笔一般只在画线、改错、冲账和表示负数金额时使用。（　　）

12．银行存款的清查，主要是将银行存款日记账与总账进行核对。　（　　）

13．产生未达账项的原因是记账错误，应采取适当的方法予以更正。　（　　）

14．在采用"永续盘存制"下，还需要对各项财产物资进行实地盘点。　（　　）

15．记账凭证核算程序是最基本的一种会计核算程序。　　　　　　（　　）

四、综合分析题（共 50 分）

1．（6 分）月华公司 2012 年 7 月 12 日销售给沐光公司 A 产品 300 件，售价 60 000 元，增值税 10 200 元，以银行存款代垫运费 500 元。款项尚未收回。（附单据 4 张）请完成记账凭证的填写工作。

转 账 凭 证

年 月 日　　　　　　　　　　转字第____号

摘　要	总账科目	明细科目	借 方 金 额								贷 方 金 额								✓	附单据张
			百	十	万	千	百	十	元	角	分	百	十	万	千	百	十	元	角	分		
合　　计																					

财务主管（签章）　记账（签章）　　复核（签章）　　　　制单（签章）

付 款 凭 证

贷方科目：_____　　　年 月 日　　　　　　付字第____号

摘　要	借 方 科 目		✓	金　额									附单据张
	总账科目	明细科目		千	百	十	万	千	百	十	元	角	分	
人民币（大写）													

财务主管（签章）　记账（签章）　　出纳（签章）　　复核（签章）　　　制单（签章）

2.（12 分）某企业一车间生产甲乙两种产品，2012 年 5 月份发生与产品生产有关的经济业务如下：

（1）甲产品期初在产品成本 8 000 元，乙产品期初无在产品。

（2）本月发生生产费用有：甲产品直接材料费用 30 000 元，直接人工费用 15 000 元；乙产品直接材料费用 20 000 元，直接人工费用 10 000 元。制造费用总额 21 500 元。

（3）甲产品 100 件全部完工，乙产品 50 件全部未完工。

要求：

（1）按甲、乙产品生产工人工资比例分配制造费用（写出计算过程）。

（2）计算甲产品的总成本和单位成本（写出计算过程）。

（3）编制结转完工入库产品实际生产成本的会计分录。

3.（12 分）根据以下经济业务编制会计分录。

（1）企业在清查中，发现库存现金长款 50 元，填制"库存现金盘点表"。

（2）上述长款无法查明原因，经批准后转作"营业外收入"。

（3）企业在财产清查中，盘盈丙材料 5 千克，每千克 25 元，共计 125 元。

（4）上述盘盈丙材料原因查明，属于为大恒公司代加工产品对的剩余材料，经领导批准转作"营业外收入"。

（5）企业在财产清查中，盘亏甲材料 240 千克，每千克 20 元，共计 4 800 元。

（6）上述盘亏甲材料原因查明，属于定额内损耗，经领导批准列入"管理费用"。

4.（8 分）根据下列资料，编制银行存款余额调节表。

启宏公司 2012 年 9 月 11 日"银行存款日记账"账面余额为 49 800 元，开户银行送来的"银行对账单"的余额为 65 000 元。经核查，发现有以下几笔未达账项：

（1）企业开出转账支票一张，支付购货款 14 000 元，但持票单位尚未到银行办理转账，银行尚未入账。

（2）企业送存转账支票一张，金额 3 000 元，并已登记入账，但银行尚未记账。

（3）银行代企业支付电话费 1 600 元，银行已登记企业银行存款减少，但企业尚未接到付款通知，尚未记账。

（4）银行将一笔委托收款 5 800 元收到入账，但企业尚未收到收款通知，尚未入账。

要求：根据上述资料，编制"银行存款余额调节表"。

银行存款余额调节表

账号：   开户单位：

项目	金额（元）	项目	金额（元）
银行存款日记账余额		银行对账单余额	
加：银行已收、公司未收 减：银行已付、公司未付		加：公司已收、银行未收 减：公司已付、银行未付	
调节后的存款余额		调节后的存款余额	

5. （12分）根据下列资料编制资产负债表。

账户名称	借方余额（元）	账户名称	贷方余额（元）
库存现金	2 300	短期借款	500 000
银行存款	386 900	应付账款	86 000
应收账款	86 000	——宏达公司	57 000
预付账款	48 000	——齐发公司	29 000
——芜湖公司	31 000	预收账款	26 000
——章华公司	17 000	应付职工薪酬	248 700
原材料	435 000	应交税费	14 000
库存商品	276 000	应付股利	40 000
生产成本	54 000	长期借款	700 000
固定资产	1 860 000	实收资本	1 780 000
累计折旧（贷）	43 000	资本公积	9 000
长期待摊费用	130 000	盈余公积	17 900
无形资产	150 000	利润分配	49 600
合计	3 471 200	合计	3 471 200

资产负债表

编制单位：　　　　　　　　　　　　　年　月　日　　　　　　　　　　单位：元

资产	期末余额	年初余额	负债和所有者权益	期末余额	年初余额
流动资产：			流动负债：		
货币资金			短期借款		
交易性金融资产			交易性金融负债		
应收票据			应付票据		
应收账款			应付账款		
预付款项			预收款项		
应收利息			应付职工薪酬		
应收股利			应交税费		
其他应收款			应付利息		
存货			应付股利		
一年内到期的非流动资产			其他应付款		
其他流动资产			一年内到期的非流动负债		
流动资产合计			其他流动负债		
非流动资产：			流动负债合计		
可供出售金融资产			非流动负债：		
持有至到期投资			长期借款		
长期应收款			应付债券		
长期股权投资			长期应付款		
投资性房地产			专项应付款		
固定资产			预计负债		
在建工程			递延所得税负债		
工程物资			其他非流动负债		
固定资产清理			非流动负债合计		
生产性生物资产			负债合计		
油气资产			所有者权益：		
无形资产			实收资本（或股本）		
开发支出			资本公积		
商誉			减：库存股		
长期待摊费用			盈余公积		
递延所得税资产			未分配利润		
其他非流动资产			所有者权益合计		
非流动资产合计					
资产总计			负债和所有者权益总计		

综合自测卷（二）

一、**单项选择题**（下列各题，只有一个符合题意的正确答案。本类题共 20 分，每小题 1 分。不选、错选或多选，均不得分。）

1. 公司支付银行存款 30 000 元购入不需安装的生产用设备一台（不考虑相关税费），应编制会计分录为（　　）。

    A. 借：在建工程 30 000　　　　贷：银行存款 30 000

    B. 借：银行存款 30 000　　　　贷：原材料 30 000

    C. 借：固定资产 30 000　　　　贷：银行存款 30 000

    D. 借：银行存款 30 000　　　　贷：固定资产 30 000

2. 某公司资产总额为 20 万元，负债总额为 5 万元，以银行存款 2 万元偿还短期借款，并以银行存款 2 万元购买设备。则上述业务入账后该公司的负债总额为（　　）万元。

    A. 2　　　　　　B. 3　　　　　　C. 25　　　　　　D. 15

3. 发现原始凭证金额错误，下列各项中，正确的处理方法是（　　）。

    A. 由本单位经办人更正，并由单位财务负责人签名盖章

    B. 由出具单位重开

    C. 由出具单位更正，更正处应当加盖出具单位印章

    D. 由本单位会计人员按划线更正法更正，并在更正处签章

4. 关于盈余公积，下列说法不正确的是（　　）。

    A. 可以用于发放现金股利或利润　　B. 可以用于弥补亏损

    C. 可以用于转增资本　　　　　　　D. 可以用于偿还负债

5. 下列项目中，属于流动资产项目组的是（　　）。

    A. 长期股权投资和长期应收款　　B. 应收账款及存货

    C. 企业的机器设备　　　　　　　D. 商标权及货币资金

6. 下列各项中，（　　）是连接会计凭证和会计报表的中间环节。

    A. 设置会计科目　　　　　　　B. 复式记账

    C. 设置和登记账簿　　　　　　D. 编制会计分录

7. 某企业税前会计利润为 2 000 万元，其中营业外收入 80 万元，假设不存在纳税调整事项，所得税税率 25%，则应交所得税为（　　）万元。

    A. 500　　　　　　B. 520　　　　　　C. 480　　　　　　D. 510

8. 资产负债表是根据（　　）这一会计等式编制的。

    A. 收入－费用＝利润

    B. 现金流入－现金流出＝现金净流量

    C. 资产＝负债＋所有者权益＋收入－费用

    D. 资产＝负债＋所有者权益

9. 下列有关财务会计报告的表述中，不正确的是（　　）。

    A. 财务会计报告是指企业对外提供的反映企业某一特定日期财务状况和某一会计期间经营成果、现金流量等会计信息的文件

    B. 企业财务会计报告分为年度、半年度、季度和月度财务会计报告

    C. 会计报表附注是财务会计报告的重要组成部分

    D. 财务会计报告就是指会计报表

10. 下列说法正确是（　　）。

    A. 审核原始凭证是否履行了规定的传递和审查程序属于原始凭证合法性的审核

    B. 审核原始凭证各项计算以及相关部分是否正确属于原始凭证完整性的审核

    C. 审核原始凭证日期是否完整、数字是否清晰属于原始凭证及时性的审核

    D. 审核原始凭证日期是否真实、业务内容是否真实属于原始凭证合法性的审核

11. 库存现金盘点时发现短缺，批准前应贷记的会计科目是（　　）。

    A. 库存现金　　B. 其他应付款　　C. 待处理财产损溢　D. 其他应收款

12. 下列不能作为费用核算的是（　　）。

    A. 利息支出　　　B. 职工薪酬　　　C. 罚款支出　　　D. 已销产品的成本

13. 采用科目汇总表账务处理程序时，月末不应将（　　）余额与有关总分类账的余额进行核对。

    A. 现金日记账　　　　　　　　B. 银行存款日记账

    C. 汇总记账凭证　　　　　　　D. 明细分类账

14. 下列关于账簿的说法中，不正确的是（　　）。

    A. 不同的账务处理程序下，登记总分类账的依据和方法不同

    B. 现金日记账由出纳人员根据审核后的现金的收、付款凭证和与现金有关的银行存款付款凭证，逐日逐笔顺序登记

    C. 账簿按用途分为序时账簿、分类账簿和备查账簿

    D. 账簿按外形分为两栏式、三栏式、多栏式和数量金额式

15. 付款凭证左上角的"贷方科目"可能登记的科目是（　　）。

    A. 预付账款　　B. 银行存款　　　C. 预收账款　　　D. 其他应付款

16. 下列各项中，不通过管理费用核算的是（　　）。

    A. 开办费　　　B. 职工差旅费　C. 广告费　　　D. 印花税

17. 可以不附原始凭证的记账凭证是（　　）。

    A. 更正错误的记账凭证　　　　B. 从银行提取现金的记账凭证

    C. 以现金发放工资的记账凭证　　D. 职工临时性借款的记账凭证

18. 关于原始凭证和记账凭证，以下说法正确的是（　　）。

    A. 记账凭证是记录和证明经济业务发生或完成情况的文字凭据

    B. 原始凭证不可以作为登记账簿的依据

    C. 原始凭证是编制记账凭证的依据

    D. 记账凭证是编制原始凭证的依据

19. 应收账款账户期初借方余额为 35 400 元，本期借方发生额为 26 300 元，本期贷方发生额为 17 900 元，该账户期末余额为（　　）。

    A. 借方 43 800 元　　　　　　B. 借方 27 000 元

    C. 贷方 43 800 元　　　　　　D. 贷方 27 000 元

20. 会计核算工作的起点是（　　）。

    A. 设置会计科目　　　　　　　B. 填制和审核会计凭证

    C. 设置账户　　　　　　　　　D. 登记账簿

二、**多项选择题**（下列各题，有两个或两个以上符合题意的正确答案。本类题共 22.5 分，每小题 1.5 分。不选、错选、少选或多选，均不得分。）

1. 库存现金盘亏的账务处理中可能涉及的科目有（　　）。

    A. 库存现金　　B. 管理费用　　C. 其他应收款　　D. 营业外支出

2. 下列账户中，可能影响资产负债表中"应付账款"项目金额的有（　　）。

    A. 应收账款　　B. 预收账款　　C. 应付账款　　D. 预付账款

3. 下列项目中，属于费用要素特点的有（　　）。

    A. 与向所有者分配利润无关

    B. 企业在日常活动中发生的经济利益的总流入

    C. 经济利益的流出额能够可靠计量

    D. 会导致所有者权益减少

4. 下列会计要素中，称为动态会计要素的有（　　）。

    A. 资产　　　　B. 负债　　　　C. 收入　　　　D. 费用

5. 会计对象就是能用货币表现的各种经济活动，它具体包括的内容有（　　）。

    A. 资金投入　　B. 资金运用　　C. 资金退出　　D. 资金运动

6. 下列不适于采用实地盘点法清查的是（　　）。

    A. 原材料　　　　　　　　　　B. 固定资产

C. 露天堆放的沙石　　　　　　　　D. 露天堆放的煤

7. 某公司 1 月 2 日从银行借入期限为半年，年利率为 6% 的借款 1 000 000 元，每月月末计提当月应负担的借款利息；假定合同约定为到期还本付息；7 月 1 日期满，如期归还。编制的以下相关会计分录中，正确的有（　　　）。

    A. 借：短期借款 1 000 000　　　　贷：银行存款 1 000 000

    B. 借：应付利息 30 000　　　　　　贷：银行存款 30 000

    C. 借：财务费用 5 000　　　　　　　贷：应付利息 5 000

    D. 借：银行存款 1 000 000　　　　　贷：短期借款 1 000 000

8. 记账凭证按照填列方式不同，可以分为（　　　）。

    A. 专用记账凭证　B. 通用记账凭证　C. 复式记账凭证　D. 单式记账凭证

9. 经济业务发生后，可以编制的会计分录有（　　　）。

    A. 多借多贷　　　B. 一借多贷　　　C. 多借一贷　　　D. 一借一贷

10. 以下属于记账凭证账务处理程序优点的有（　　　）。

    A. 简单明了、易于理解

    B. 总分类账可较详细地记录经济业务发生情况

    C. 便于进行会计科目的试算平衡

    D. 减轻了登记总分类账的工作量

11. 某企业只生产一种 A 产品，月初"生产成本——A 产品"账户余额为 3 000 元，本期生产过程中领用原材料 15 000 元；发生生产工人工资 4 000 元；本月完工入库 A 产品 100 件。期末"生产成本——A 产品"账户余额 800 元。假设生产成本减少额全部为完工入库造成，则下列说法正确的有（　　　）。

    A. 入库产品单价为 220 元/件

    B. 本期生产成本贷方发生额为 21 200 元

    C. 本期主营业务成本发生额为 21 200 元

    D. 确认生产工人工资账务处理为：

      借：生产成本——A 产品 4 000　　　　贷：应付职工薪酬 4 000

12. 资产负债表正表的格式，国际上通常有（　　　）。

    A. 单步式　　　B. 多步式　　　C. 账户式　　　D. 报告式

13. 下列属于企业会计档案的有（　　　）。

    A. 会计档案保管清册　　　　　　B. 报表附注

    C. 辅助账簿　　　　　　　　　　D. 购货发票

14. 下列各项，不反映在交易性金融资产的初始计量金额中的有（　　　）。

    A. 支付的手续费　　　　　　　　B. 债券的买入价

    C. 支付的印花税　　　　　　　　D. 已到付息期但尚未领取的利息

15. 使企业银行存款日记账的余额小于银行对账单余额的未达账项有（　　）。

　　A. 企业已收款记账而银行尚未收款记账

　　B. 企业已付款记账而银行尚未付款记账

　　C. 银行已收款记账而企业尚未收款记账

　　D. 银行已付款记账而企业尚未付款记账

三、判断题（在每小题的括号里填入判断结果，你认为正确的用"√"表示，错误的用"×"表示。本类题共 15 分，每小题 0.5 分。判断正确的得分，判断错误及不作判断的，不得分也不扣分。）

1. "本年利润"账户的明细分类核算，可采用多栏式明细分类的账页格式。（　　）

2. 对于明细科目较多的总账科目，可在总分类科目下设置二级或多级科目。（　　）

3. 产品的生产成本包括为生产该种产品而发生的直接人工费、直接材料费、制造费用以及销售费用。（　　）

4. 记账凭证填制完经济业务事项后，如有空行，应当自金额栏最后一笔金额数字下的空行处至合计数上的空行处划线注销。（　　）

5. 法定盈余公积是以国家的法律或法规为依据提取的，而任意盈余公积则是由企业自行决定提取的。（　　）

6. 年度财务报告（决算）、会计档案保管清册、会计档案销毁清册都是需要永久保存的会计档案。（　　）

7. 将短期借款转为银行对本企业的投资，它使权益内部发生了变化，并不影响资产总额。（　　）

8. 记账凭证的填制日期与原始凭证的填制日期可能相同，也可能不同。（　　）

9. 收入只包括本企业经济利益的流入，而不包括为第三方或客户代收的款项。（　　）

10. 本单位财务会计部门可以保管会计档案两年，期满后再移交本单位的档案部门进行保管。（　　）

11. 科目汇总表可以起到试算平衡的作用，还可以反映账户之间的对应关系。（　　）

12. 持续经营假设是假设企业可以长生不老，即使进入破产清算，也不应该改变会计核算方法。（　　）

13. 为了简化工作手续，可以将不同内容和类别的原始凭证汇总，填制在一张记账凭证上。（　　）

14. 借贷记账法的特点是以"借""贷"作为记账符号，借方表示资产和费用的增加，贷方表示负债和所有者权益的减少。（　　）

15. 会计档案是指会计凭证、会计账簿和财务会计报告等会计核算专业材料。（　　）

四、综合分析题（共 50 分）

1．（10 分）某公司 2012 年 2 月初的资产总额为 1 800 000 元，负债为 1 000 000 元。2012 年 2 月份发生下列交易或事项：

（1）公司行政办公室职工因公出差，预借差旅费 2 000 元，以现金支付；

（2）收到投资方投入设备一台，投资合同约定其价值为 100 000 元；

（3）开出并承兑面值为 60 000 元的商业汇票一份，抵付前欠某单位货款；

（4）按规定分配给投资者 2010 年度利润 120 000 元，款项尚未支付；

（5）以银行存款 10 000 元偿还前欠某单位账款。

根据本题资料完成下列问题：

（1）该公司 2012 年 2 月份发生的交易或事项会引起资产负债表要素月末比月初的变动有（　　）。

  A．资产增加 90 000 元   B．负债增加 110 000 元

  C．所有者权益增加 100 000 元 D．所有者权益减少 20 000 元

（2）该公司 2012 年 2 月份发生的交易或事项应编制的会计分录有（　　）。

  A．借：管理费用——差旅费 2 000 贷：库存现金 2 000

  B．借：固定资产 100 000   贷：实收资本 100 000

  C．借：应付票据 60 000   贷：应付账款 60 000

  D．借：利润分配 120 000   贷：应付股利 120 000

（3）该公司 2012 年 2 月份发生的第五笔交易或事项对会计基本等式的影响是（　　）。

  A．资产和负债同时减少 10 000 元，不破坏会计基本等式

  B．资产和负债同时增加 10 000 元，不破坏会计基本等式

  C．资产的不同项目此增彼减，资产总额不变

  D．负债与所有者权益此增彼减，权益总额不变

（4）该公司 2012 年 2 月末的资产总额为（　　）元。

  A．1 902 000 B．1 890 000 C．1 888 000 D．1 790 000

（5）该公司 2012 年 2 月末的所有者权益为（　　）元。

  A．900 000   B．800 000   C．780 000   D．640 000

2．（10 分）某企业 2012 年 7 月 1 日借入一笔期限为 6 个月的短期借款，借款本金为 100 000 元，季度利率为 8%，按季度预提利息，到期一次支付本息。

根据本题资料完成下列问题：

（1）2012 年 7 月 1 日取得借款的分录为（　　）。

  A．借：银行存款 100 000 贷：短期借款 100 000

B. 借：应收账款 100 000　　贷：短期借款 100 000

C. 借：短期借款 100 000　　贷：银行存款 100 000

D. 借：应付账款 100 000　　贷：短期借款 100 000

（2）2012 年 9 月 30 日计提利息的分录为（　　）。

A. 借：应付利息 8 000　　贷：银行存款 8 000

B. 借：财务费用 8 000　　贷：银行存款 8 000

C. 借：应付利息 8 000　　贷：财务费用 8 000

D. 借：财务费用 8 000　　贷：应付利息 8 000

（3）2012 年年末偿还借款的分录为（　　）。

A. 借：短期借款 100 000

　　应付利息 8 000

　　财务费用 8 000

　贷：银行存款 116 000

B. 借：银行存款 116 000

　贷：短期借款 100 000

　　应付利息 8 000

　　财务费用 8 000

C. 借：应付利息 8 000

　　财务费用 8 000

　贷：银行存款 16 000

D. 借：短期借款 100 000

　贷：银行存款 100 000

（4）企业取得短期借款的时候涉及的会计科目有（　　）。

A. 短期借款　　B. 银行存款　　C. 应付利息　　D. 财务费用

（5）企业在计提短期借款利息时不可能涉及的会计科目有（　　）。

A. 短期借款　　B. 应付利息　　C. 银行存款　　D. 财务费用

3.（10 分）华新公司 2012 年 7 月发生经济业务已编制如下会计分录：

（1）借：管理费用　　900

　　　贷：其他应收款——张明　　800

　　　　　库存现金　　100

（2）借：在途物资　　50 000

　　　　应交税费——应交增值税（进项税额）　　8 500

　　　贷：银行存款　　58 500

（3）借：银行存款　　12 000

	贷：库存现金	12 000
（4）借：应交税费——应交增值税		13 000
	贷：银行存款	13 000
（5）借：营业外支出		1 800
	贷：待处理财产损溢——待处理流动资产财产损溢	1 800
（6）借：应收账款		23 400
	贷：主营业务收入	20 000
	应交税费——应交增值税（销项税额）	3 400

要求：

（1）请逐项说明上述各经济业务内容；

（2）根据上述所编会计分录，编制科目汇总表。

科目汇总表

年　　月

会计科目	本期发生额	
	借方发生额	贷方发生额
库存现金		
银行存款		
应收账款		
其他应收款		
在途物资		
待处理财产损溢		
管理费用		
主营业务支出		
应交税费		
主营业务收入		
合计		

4.（20分）荣盛公司为一般纳税人，所得税税率为25%，增值税税率为17%。其2012年10月发生如下经济业务：

（1）销售材料一批，价款100 000元，增值税税额17 000元，货款及税金采用商业汇票结算，收到面额117 000元的商业承兑汇票一张。

（2）收到违约金30 000元，存入银行。

（3）销售产品，销售价格为10 000 000元，增值税税额1 700 000元，销货款尚未收到。

（4）计算并结转本月应交城市建设税50 000元。

（5）计提短期借款利息 40 000 元。

（6）用银行存款支付销售产品运杂费 20 000 元。

（7）向慈善机构捐款 50 000 元。

（8）计提生产用固定资产折旧 100 000 元，计提管理用固定资产折旧 60 000 元。

（9）月末，经批准将盘盈存货，价值 10 000 元，用以冲减管理费用。

（10）月末，结转已售产品的成本 6 000 000 元，已售材料的成本 70 000 元。

（11）将有关损益类账户结转到"本年利润"账户。

（12）假设荣盛公司按月计算所得税费用，本月没有任何调整事项，根据利润总额计算并结转企业本月应交纳的所得税。

要求：

（1）编制上述经济业务的会计分录。

（2）编制 2012 年 10 月的利润表。

利润表

编制单位：　　　　　　　　　　　年　　　月　　　　　　　　　　　单位：元

项目	本期金额	上期金额
一、营业收入		
减：营业成本		
营业税金及附加		
销售费用		
管理费用		
财务费用		
资产减值损失		
加：公允价值变动收益（损失以"－"号填列）		
投资收益（损失以"－"号填列）		
其中：对联营企业和合营企业的投资收益		
二、营业利润（亏损以"－"号填列）		
加：营业外收入		
减：营业外支出		
其中：非流动资产处置损失		
三、利润总额（亏损以"－"号填列）		
减：所得税费用		
四、净利润（亏损以"－"号填列）		
五、每股收益		
（一）基本每股收益		
（二）稀释每股收益		

综合自测卷（一）答案

一、单项选择题

1—5　BACBC　　6—10　BCCCC　　11—15　CCCBD　16—20　BDDAB

二、多项选择题

1. AC	2. ACD	3. ACD	4. AD	5. ABCD
6. ACD	7. AB	8. ABD	9. CD	10. AD
11. ABCD	12. ABCD	13. BCD	14. ABD	15. ABCD

三、判断题

1. ×	2. ×	3. ×	4. √	5. ×
6. ×	7. √	8. ×	9. √	10. √
11. √	12. ×	13. ×	14. ×	15. √

四、综合分析题

1.（6分）

转　账　凭　证

2012 年 7 月 12 日　　　　　　　　　　　　　转字第　1　号

摘要	总账科目	明细科目	借 方 金 额								贷 方 金 额								✓
			百	十	万	千	百	十	元	角	分	百	十	万	千	百	十	元	角	分	
销售产品	应收账款	沐光公司			7	0	2	0	0	0	0										
	主营业务收入													6	0	0	0	0	0	0	
	应交税费	应交增值税（销项税额）												1	0	2	0	0	0	0	
合　　　计			¥	7	0	2	0	0	0	0	0	¥	7	0	2	0	0	0	0	0	

附单据 3 张

财务主管（签章）　　　记账（签章）　　复核（签章）　　　制单（签章）

付 款 凭 证

贷方科目：库存现金　　　2012 年 7 月 12 日　　　付字第 1 号

摘　要	借　方　科　目		√	金　额									
	总账科目	明细科目		千	百	十	万	千	百	十	元	角	分
垫付运费	其他应收款	沐光公司						5	0	0	0	0	0
人民币（大写）伍佰元整									¥	5	0	0	0	0	0

附单据 1 张

财务主管（签章）　记账（签章）　出纳（签章）　复核（签章）　制单（签章）

2.（12 分）

（1）制造费用分配率＝21 500÷（15 000＋10 000）＝0.86

甲产品应分担的制造费用＝15 000×0.86＝12 900（元）

乙产品应分担的制造费用＝10 000×0.86＝8 600（元）

（2）甲产品的总成本＝8 000＋30 000＋15 000＋12 900＝65 900（元）

甲产品的单位成本＝65 900÷100＝659（元）

乙产品的总成本＝20 000＋10 000＋8 600＝38 600（元）

乙产品的单位成本＝38 600÷50＝772（元）

（3）借：库存商品——甲产品　　　　　　　　　　　　　65 900

　　　　　　——乙产品　　　　　　　　　　　　　38 600

　　贷：生产成本——甲产品　　　　　　　　　　　　　65 900

　　　　　　——乙产品　　　　　　　　　　　　　38 600

3.（12 分）

（1）借：库存现金　　　　　　　　　　　　　　　　　　50

　　贷：待处理财产损溢——待处理流动资产损溢　　　　50

（2）借：待处理财产损溢——待处理流动资产损溢　　　　50

　　贷：营业外收入　　　　　　　　　　　　　　　　　50

（3）借：原材料——丙材料　　　　　　　　　　　　　　125

　　贷：待处理财产损溢——待处理流动资产损溢　　　　125

（4）借：待处理财产损溢——待处理流动资产损溢　　　　125

　　贷：营业外收入　　　　　　　　　　　　　　　　　125

（5）借：待处理财产损溢——待处理流动资产损溢　　　　4 800

　　贷：原材料——甲材料　　　　　　　　　　　　　　4 800

（6）借：管理费用　　　　　　　　　　　　　　　　　　4 800

贷：待处理财产损溢——待处理流动资产损溢　　　　　　　　　　　4 800

4.（8分）

银行存款余额调节表

账号：　　　　　　　　　　　　　　　　　　　　　　　开户单位：

项目	金额	项目	金额
银行存款日记账余额	49 800	银行对账单余额	65 000
加：银行已收、公司未收	5 800	加：公司已收、银行未收	3 000
减：银行已付、公司未付	1 600	减：公司已付、银行未付	14 000
调节后的存款余额	54 000	调节后的存款余额	54 000

5.（12分）

资产负债表

编制单位：　　　　　　　　　年　月　日　　　　　　　　　单位：元

资产	期末余额	年初余额	负债和所有者权益	期末余额	年初余额
流动资产：			流动负债：		
货币资金	389 200		短期借款	50 000	
交易性金融资产			交易性金融负债		
应收票据			应付票据		
应收账款	86 000		应付账款	86 000	
预付款项	48 000		预收款项	26 000	
应收利息			应付职工薪酬	162 700	
应收股利			应交税费	14 000	
其他应收款			应付利息	40 000	
存货	765 000		应付股利		
一年内到期的非流动资产			其他应付款		
其他流动资产			一年内到期的非流动负债		
流动资产合计	1 288 200		其他流动负债		
非流动资产：			流动负债合计	828 700	
可供出售金融资产			非流动负债：		
持有至到期投资			长期借款	700 000	
长期应收款			应付债券		
长期股权投资			长期应付款		
投资性房地产			专项应付款		
固定资产	1 817 000		预计负债		
在建工程			递延所得税负债		
工程物资			其他非流动负债		

资产	期末余额	年初余额	负债和所有者权益	期末余额	年初余额
固定资产清理			非流动负债合计		
生产性生物资产			负债合计	700 000	
油气资产			所有者权益：		
无形资产	150 000		实收资本（或股本）	1 780 000	
开发支出			资本公积	9 000	
商誉			减：库存股		
长期待摊费用	130 000		盈余公积	17 900	
递延所得税资产			未分配利润	49 600	
其他非流动资产			所有者权益合计	1 856 500	
非流动资产合计	2 097 000				
资产总计	3 385 200		负债和所有者权益总计	3 385 200	

综合自测卷（二）答案

一、单项选择题

1—5　CBBDB　　6—10　CADDA　　11—15　ACCDB　16—20　CACAB

二、多项选择题

1. ABC	2. CD	3. AD	4. CD	5. ABC
6. CD	7. ABCD	8. CD	9. ABCD	10. AB
11. BD	12. CD	13. ABCD	14. ACD	15. BC

三、判断题

1. √	2. √	3. ×	4. √	5. √
6. √	7. √	8. √	9. √	10. ×
11. ×	12. ×	13. ×	14. ×	15. √

四、综合分析题

1.（10分）

（1）ABD

【分析】

根据2012年2月份发生的交易或事项的编制会计分录如下：

业务（1）：

借：其他应收款　　　　　　　　　　　　　　　　　　　　　　　2 000

　　贷：库存现金　　　　　　　　　　　　　　　　　　　　　　　　　2 000

属于资产内部变动，资产总额不变。

业务（2）：

借：固定资产　　　　　　　　　　　　　　　　　　　　　　　100 000

　　贷：实收资本　　　　　　　　　　　　　　　　　　　　　　　　100 000

资产总额增加100 000元，所有者权益总额增加100 000元。

业务（3）：

借：应付账款　　　　　　　　　　　　　　　　　　　　　　　60 000

　　贷：应付票据　　　　　　　　　　　　　　　　　　　　　　　　60 000

属于负债内部变动，负债总额不变。

业务（4）：

借：利润分配——应付现金股利或利润　　　　　　　　　　　　120 000

| | 120 000 |
贷：应付股利

所有者权益总额减少 120 000 元，负债总额增加 120 000 元。

业务（5）：

借：应付账款　　　　　　　　　　　　　　　　　　　　　　10 000

　　贷：银行存款　　　　　　　　　　　　　　　　　　　　　　10 000

负债总额减少 10 000 元，资产总额减少 10 000 元。

所以，2 月份资产总额的变动金额＝100 000－10 000＝90 000（元）

负债总额的变动金额＝120 000－10 000＝110 000（元）

所有者权益总额的变动金额＝100 000－120 000＝－20 000（元）

（2）BD

（3）A

（4）B

【分析】

2 月末的资产总额＝期初的资产总额＋本期资产的增加额－本期资产的减少额

　　　　　　　　＝1 800 000＋100 000－10 000

　　　　　　　　＝1 890 000（元）

（5）C

【提示】

2 月初所有者权益总额＝期初的资产总额－期初的负债总额

　　　　　　　　＝1 800 000－1 000 000

　　　　　　　　＝800 000（元）

2 月末所有者权益总额＝期初的权益总额＋本期的增加额－本期的减少额

　　　　　　　　＝800 000＋100 000－120 000

　　　　　　　　＝780 000（元）

2．（10 分）

（1）A

（2）D

（3）ACD

（4）AB

（5）AC

【提示】

企业在计提短期借款利息时涉及的会计科目有财务费用和应付利息。

借：财务费用

　　贷：应付利息

3.（10分）

（1）说明经济业务的内容：

① 销售部门员工张明出差回来报销差旅费900元，原预借800元，余款用现金支付。

② 购买一批材料，税价合计58 500元（增值税税率为17%），材料款用银行存款支付，材料尚未收到。

③ 把12 000元现金存入银行。

④ 用银行存款13 000元交纳增值税。

⑤ 经批准，将财产盘亏损失1 800元列为"营业外支出"。

⑥ 销售一批产品，税价合计23 400元（增值税税率为17%），货物已发出，销货款尚未收到。

（2）

科目汇总表

年　　月

会计科目	本期发生额	
	借方发生额	贷方发生额
库存现金		12 100
银行存款	12 000	71 500
应收账款	23 400	
其他应收款		800
在途物资	50 000	
待处理财产损溢		1 800
管理费用	900	
主营业务支出	1 800	
应交税费	21 500	3 400
主营业务收入		20 000
合计	109 600	109 600

4.（20分）

（1）编制会计分录如下：

① 借：应收票据　　　　　　　　　　　　　　　　　　　　117 000
　　　贷：其他业务收入　　　　　　　　　　　　　　　　　　100 000
　　　　　应交税费——应交增值税（销项税额）　　　　　　　17 000

② 借：银行存款　　　　　　　　　　　　　　　　　　　　30 000
　　　贷：营业外收入　　　　　　　　　　　　　　　　　　　30 000

③ 借：应收账款　　　　　　　　　　　　　　　　　　　　　11 700 000

　　贷：主营业务收入　　　　　　　　　　　　　　　　　10 000 000

　　　　应交税费——应交增值税（销项税额）　　　　　　1 700 000

④ 借：营业税金及附加　　　　　　　　　　　　　　　　　　　50 000

　　贷：应交税费——应交城市建设维护税　　　　　　　　　50 000

⑤ 借：财务费用　　　　　　　　　　　　　　　　　　　　　　40 000

　　贷：应付利息　　　　　　　　　　　　　　　　　　　　40 000

⑥ 借：销售费用　　　　　　　　　　　　　　　　　　　　　　20 000

　　贷：银行存款　　　　　　　　　　　　　　　　　　　　20 000

⑦ 借：营业外支出　　　　　　　　　　　　　　　　　　　　　50 000

　　贷：银行存款　　　　　　　　　　　　　　　　　　　　50 000

⑧ 借：制造费用　　　　　　　　　　　　　　　　　　　　　100 000

　　　管理费用　　　　　　　　　　　　　　　　　　　　　60 000

　　贷：累计折旧　　　　　　　　　　　　　　　　　　　160 000

⑨ 借：待处理财产损溢　　　　　　　　　　　　　　　　　　　10 000

　　贷：管理费用　　　　　　　　　　　　　　　　　　　　10 000

⑩ 借：主营业务成本　　　　　　　　　　　　　　　　　　6 000 000

　　贷：库存商品　　　　　　　　　　　　　　　　　　6 000 000

　　借：其他业务成本　　　　　　　　　　　　　　　　　　　70 000

　　贷：原材料　　　　　　　　　　　　　　　　　　　　70 000

⑪ 借：主营业务收入　　　　　　　　　　　　　　　　　10 000 000

　　　其他业务收入　　　　　　　　　　　　　　　　　　100 000

　　　营业外收入　　　　　　　　　　　　　　　　　　　30 000

　　贷：本年利润　　　　　　　　　　　　　　　　　　10 130 000

　借：本年利润　　　　　　　　　　　　　　　　　　　6 290 000

　　贷：主营业务成本　　　　　　　　　　　　　　　　6 000 000

　　　　其他业务成本　　　　　　　　　　　　　　　　　70 000

　　　　营业税金及附加　　　　　　　　　　　　　　　　50 000

　　　　营业外支出　　　　　　　　　　　　　　　　　　50 000

　　　　管理费用　　　　　　　　　　　　　　　　　　　60 000

　　　　财务费用　　　　　　　　　　　　　　　　　　　40 000

　　　　销售费用　　　　　　　　　　　　　　　　　　　20 000

⑫ 借：所得税费用　　　　　　　　　　　　　　　　　　　960 000

　　贷：应交税费——应交所得税　　　　　　　　　　　960 000

借：本年利润　　　　　　　　　　　　　　　　　960 000
　　贷：所得税费用　　　　　　　　　　　　　　　　960 000

【提示】

利润总额＝10 130 000－6 290 000＝3 840 000（元）

所得税费用＝3 840 000×25%＝960 000（元）

（2）

利润表

编制单位：荣盛公司　　　　　　　　2012 年 10 月　　　　　　　　单位：元

项目	本期金额	上期金额
一、营业收入	10 100 000	
减：营业成本	6 070 000	
营业税金及附加	50 000	
销售费用	20 000	
管理费用	60 000	
财务费用	40 000	
资产减值损失		
加：公允价值变动收益（损失以"－"号填列）		
投资收益（损失以"－"号填列）		
其中：对联营企业和合营企业的投资收益		
二、营业利润（亏损以"－"号填列）	3 860 000	
加：营业外收入	30 000	
减：营业外支出	50 000	
其中：非流动资产处置损失		
三、利润总额（亏损以"－"号填列）	3 840 000	
减：所得税费用	960 000	
四、净利润（亏损以"－"号填列）	2 880 000	
五、每股收益		
（一）基本每股收益		
（二）稀释每股收益		